Startschuss zum Erfolg
Businessgrundlagen für Anfänger

Inhaltsverzeichnis

Inhaltsverzeichnis

Inhaltsverzeichnis

Inhaltsverzeichnis

Inhaltsverzeichnis

Inhaltsverzeichnis

Vorwort

Liebe Leserinnen und Leser,

willkommen zu „Startschuss zum Erfolg: Business für Anfänger". Dieses Buch ist das Ergebnis jahrelanger Forschung, Erfahrung und Leidenschaft für die Welt des Unternehmertums. Es soll Ihnen als Leitfaden dienen, um die Grundlagen des Geschäftslebens zu verstehen und die ersten Schritte in die Welt des Business zu wagen.

Die Reise des Unternehmertums

Jeder große Unternehmer, jede erfolgreiche Geschäftsfrau hat einmal klein angefangen. Hinter jedem erfolgreichen Unternehmen steht eine Geschichte von Mut, Entschlossenheit, Fehlern und Lernprozessen. Dieses Buch nimmt Sie mit auf eine Reise durch diese Geschichten und bietet Ihnen die Werkzeuge und das Wissen, das Sie benötigen, um Ihre eigene Erfolgsgeschichte zu schreiben.

Warum dieses Buch?

In der heutigen Zeit, in der die Geschäftswelt sich rasant verändert und die Digitalisierung neue Möglichkeiten und Herausforderungen schafft, ist es wichtiger denn je, gut informiert und vorbereitet zu sein. „Startschuss zum Erfolg" bietet Ihnen einen umfassenden Überblick über die wichtigsten Aspekte des Unternehmertums, von der Gründung eines Unternehmens über Marketingstrategien bis hin zur Mitarbeiterführung und Unternehmenskultur.

Praxisnahe Einblicke und Beispiele

Ein besonderes Augenmerk wurde darauf gelegt, Ihnen praxisnahe Einblicke und Beispiele zu bieten. Jedes Kapitel enthält konkrete Fallstudien, Beispiele und Umsetzungsvorschläge, die Ihnen helfen, die Theorie in die Praxis umzusetzen. Dabei haben wir uns bemüht, eine breite Palette von Branchen und Geschäftsmodellen abzudecken, um Ihnen einen vielfältigen und umfassenden Einblick in die Welt des Business zu bieten.

Für wen ist dieses Buch?

Ob Sie gerade erst mit dem Gedanken spielen, ein eigenes Unternehmen zu gründen, bereits einen kleinen Betrieb führen oder einfach nur mehr über die Welt des Unternehmertums erfahren möchten – dieses Buch ist für Sie. Es richtet sich an alle, die den Wunsch haben, mehr zu lernen, sich weiterzuentwickeln und erfolgreich im Geschäftsleben zu sein.

Abschließende Gedanken

Bevor Sie sich auf die folgenden Seiten stürzen, möchte ich Ihnen noch einige abschließende Gedanken mit auf den Weg geben. Das Unternehmertum ist eine Reise, keine Destination. Es wird Höhen und Tiefen geben, Erfolge und Rückschläge. Aber mit dem richtigen Wissen, der richtigen Einstellung und der Bereitschaft, ständig zu lernen und sich anzupassen, können Sie Großes erreichen.

Ich lade Sie ein, sich mit uns auf diese spannende Reise zu begeben. Tauchen Sie ein in die Welt des Unternehmertums, lassen Sie sich inspirieren und motivieren. Nutzen Sie dieses Buch als Ihren Kompass, um Ihren Weg zum Erfolg zu finden.
In diesem Sinne wünsche ich Ihnen eine bereichernde Lektüre und viel Erfolg auf Ihrem Weg zum unternehmerischen Erfolg.

In Erwartung Ihres persönlichen Erfolgs,

Michael Aull

Kapitel 1: Grundlagen des Geschäftslebens

Willkommen zum ersten Schritt Ihrer unternehmerischen Reise! In diesem Kapitel werden wir die Grundlagen des Geschäftslebens erkunden, die das Fundament für Ihren unternehmerischen Erfolg bilden werden.

Eine der ersten grundlegenden Aspekte des Geschäftslebens ist die Identifikation und Validierung von Geschäftsideen. Sie müssen sicherstellen, dass Ihre Ideen realisierbar sind und eine Nachfrage auf dem Markt haben. Eine gründliche Marktforschung ist hierbei unerlässlich. Ebenso wichtig ist es, eine klare Vision und Mission für Ihr Unternehmen zu haben. Diese sollten Ihre Ziele und Werte widerspiegeln und als Leitfaden für alle Entscheidungen und Handlungen dienen.

Ein weiterer wichtiger Aspekt des Geschäftslebens ist die Finanzierung. Sie sollten sich Gedanken darüber machen, wie Sie Ihr Unternehmen finanzieren werden, sei es durch Eigenkapital oder Fremdkapital. Eine detaillierte Finanzplanung ist hierbei von großem Nutzen, um die langfristige finanzielle Stabilität Ihres Unternehmens sicherzustellen.

Schließlich ist es wichtig, ein solides Netzwerk aufzubauen und Beziehungen zu anderen Unternehmen und Branchenexperten zu knüpfen. Networking-Veranstaltungen und Soziale Medien können hierbei hilfreich sein.

In diesem Kapitel haben wir die grundlegenden Aspekte des Geschäftslebens behandelt. Im nächsten Kapitel werden wir uns mit der Gründung Ihres Unternehmens beschäftigen und Ihnen Schritt für Schritt zeigen, wie Sie Ihre Ideen in die Tat umsetzen können.

1. Geschäftsidee entwickeln:

Eine Geschäftsidee ist der Keimstein jedes Unternehmens. Sie muss nicht nur innovativ sein, sondern auch einen klaren Mehrwert bieten. Beginnen Sie mit der Identifizierung eines Problems oder Bedürfnisses, das Sie lösen können, und definieren Sie klar Ihre Zielgruppe. Überlegen Sie, was Ihr Produkt oder Ihre Dienstleistung einzigartig macht und wie Sie sich von der Konkurrenz abheben können.

Beispiel: Anna bemerkt, dass es in ihrer Stadt an nachhaltigen Cafés mangelt. Sie entwickelt die Idee, ein Café zu eröffnen, das biologische Produkte verwendet und umweltfreundliche Praktiken fördert.

Umsetzung: Anna führt eine Umfrage in der Gemeinde durch, um das Interesse an einem nachhaltigen Café zu messen und die Bedürfnisse der potenziellen Kunden zu verstehen. Sie definiert ihre Zielgruppe und entwickelt ein einzigartiges Konzept, das sich von konventionellen Cafés unterscheidet.

2. Businessplan erstellen:

Der Businessplan ist Ihr Fahrplan zum Erfolg. Er sollte alle Aspekte Ihres Unternehmens abdecken, einschließlich Ihrer Geschäftsidee, Ihrer Strategie, Ihrer Markt- und Wettbewerbsanalyse, Ihres Marketingplans, Ihres operativen Plans und Ihrer Finanzprognosen. Ein gut durchdachter Businessplan ist nicht nur für Sie selbst wichtig, sondern auch unerlässlich, wenn Sie externe Finanzierung suchen.

Beispiel: Anna erstellt einen Businessplan, der ihre Geschäftsidee, Marktanalyse, Marketingstrategie, Finanzprognosen und operativen Plan umfasst.
Umsetzung: Sie nutzt Online-Ressourcen und Vorlagen, um sicherzustellen, dass alle wichtigen Aspekte abgedeckt sind, und sucht Feedback von erfahrenen Unternehmern und Beratern.

Ein Businessplan ist ein wichtiger Bestandteil der Gründung eines erfolgreichen Unternehmens. Es ist wichtig, dass er alle Aspekte Ihres Unternehmens umfasst, um sicherzustellen, dass Sie eine klare Vorstellung von Ihrem Ziel haben und wie Sie dorthin gelangen möchten. Eine gründliche Markt- und Wettbewerbsanalyse ist entscheidend, um sicherzustellen, dass Sie in der Lage sind, Ihre Produkte oder Dienstleistungen erfolgreich zu verkaufen. Ein gut durchdachter Marketingplan hilft Ihnen, Ihre Zielgruppe zu erreichen und Ihre Marke zu etablieren. Der operative Plan sollte klare Richtlinien für den Betrieb Ihres Unternehmens enthalten. Schließlich sollten Ihre Finanzprognosen realistisch und aufschlussreich sein, um potenzielle Investoren zu überzeugen. Wenn Sie unsicher sind, wie Sie einen Businessplan erstellen sollen, gibt es viele Online-Ressourcen und Vorlagen, die Ihnen helfen können. Darüber hinaus kann Feedback von erfahrenen Unternehmern und Beratern sehr wertvoll sein.

3. Marktforschung:

Marktforschung ist der Schlüssel zur Verständnis Ihrer Kunden und des Marktes. Sie sollten sowohl quantitative als auch qualitative Forschungsmethoden verwenden, um die Bedürfnisse und Wünsche Ihrer Zielgruppe zu verstehen, Ihre Konkurrenten zu analysieren und Ihre Marktpositionierung zu definieren. Dies wird Ihnen helfen, informierte Entscheidungen zu treffen und Risiken zu minimieren.

Beispiel: Anna führt eine Marktforschung durch, um die Konkurrenz zu analysieren und die Preise, Zielgruppen und Marketingstrategien der bestehenden Cafés zu verstehen.
Umsetzung: Sie verwendet Online-Umfragen, Interviews und Beobachtungen, um Daten zu sammeln und eine SWOT-Analyse durchzuführen.

Durch die Marktforschung können Sie auch neue Trends und Entwicklungen in Ihrem Markt erkennen und darauf reagieren. Es ist wichtig, kontinuierlich Daten zu sammeln und Ihre Forschungsergebnisse regelmäßig zu aktualisieren, um auf dem neuesten Stand zu bleiben. Auf diese Weise können Sie Ihre Produkte und Dienstleistungen verbessern und Ihre Kunden besser bedienen. Eine gute Marktforschung kann Ihnen auch helfen, neue Zielgruppen zu identifizieren und Ihre Marketingstrategie entsprechend anzupassen. Es ist jedoch wichtig, dass Sie bei der Durchführung der Marktforschung ethisch korrekt vorgehen und die Privatsphäre Ihrer Kunden respektieren.

4. Rechtsform wählen (Grundlagen):

Die Wahl der richtigen Rechtsform ist entscheidend, da sie Auswirkungen auf Haftung, Steuern, Unternehmensführung und vieles mehr hat. In Deutschland gibt es verschiedene Rechtsformen wie Einzelunternehmen, GbR, GmbH, UG, AG, etc. Jede Rechtsform hat ihre Vor- und Nachteile, daher sollten Sie sich gründlich informieren und gegebenenfalls rechtlichen Rat einholen.

Beispiel: Nach sorgfältiger Überlegung entscheidet sich Anna für die Gründung einer GmbH, um ihre Haftung zu beschränken und von steuerlichen Vorteilen zu profitieren.

Umsetzung: Sie konsultiert einen Anwalt, um die Gründungsdokumente zu erstellen und sicherzustellen, dass alle rechtlichen Anforderungen erfüllt sind.

Nachdem Sie sich ausreichend über die verschiedenen Rechtsformen informiert haben, sollten Sie eine Entscheidung treffen und die für Sie passende Rechtsform wählen. Es ist ratsam, hierbei auch die zukünftigen Entwicklungen Ihres Unternehmens zu berücksichtigen und gegebenenfalls eine langfristige Perspektive einzunehmen.

Wenn Sie sich beispielsweise für eine GmbH entscheiden, müssen Sie ein Stammkapital von mindestens 25.000 Euro aufbringen und einen Geschäftsführer bestellen. Bei einer UG hingegen reicht bereits 1 Euro Stammkapital aus.

Es ist jedoch auch wichtig zu beachten, dass die Wahl der Rechtsform nicht in Stein gemeißelt ist. Im Laufe der Zeit kann sich die Situation ändern und es kann sinnvoll sein, die Rechtsform anzupassen oder zu wechseln. Hierbei sollten Sie sich erneut gründlich informieren und gegebenenfalls rechtlichen Rat einholen, um die bestmögliche Entscheidung für Ihr Unternehmen zu treffen.

5. **Finanzierung sichern:**

Die Sicherung der Finanzierung ist oft eine der größten Herausforderungen für Gründer. Es gibt verschiedene Möglichkeiten der Finanzierung, darunter Eigenkapital, Bankkredite, Fördermittel, Business Angels und Venture Capital. Jede Finanzierungsquelle hat ihre eigenen Anforderungen und Bedingungen, daher ist es wichtig, die verschiedenen Optionen sorgfältig zu prüfen und einen Finanzplan zu erstellen.

Beispiel: Anna benötigt Startkapital für die Miete, Renovierung, Ausstattung und den Betrieb des Cafés. Sie prüft verschiedene Finanzierungsmöglichkeiten.
Umsetzung: Sie erstellt einen detaillierten Finanzplan, stellt Förderanträge, spricht mit Banken und sucht nach Investoren, um die benötigten Mittel zu sichern.

Wenn Gründer ihre Ideen in die Tat umsetzen möchten, ist es wichtig, dass sie sich über die verschiedenen Möglichkeiten der Finanzierung informieren. Hierbei sollten sie die Optionen sorgfältig prüfen und einen Finanzplan erstellen, um ihre Finanzierung zu sichern. Dabei gibt es verschiedene Möglichkeiten der Finanzierung, wie Eigenkapital, Bankkredite, Fördermittel, Business Angels und Venture Capital. Jede dieser Finanzierungsquellen hat ihre eigenen Anforderungen und Bedingungen, daher ist es wichtig, dass Gründer sich gut informieren und die für sie passende Möglichkeit auswählen. Ein Beispiel hierfür ist Anna, die Startkapital benötigt, um ihr Café zu eröffnen. Sie erstellt einen detaillierten Finanzplan, stellt Förderanträge, spricht mit Banken und sucht nach Investoren, um die benötigten Mittel zu sichern. Mit einer guten Finanzierung können Gründer ihre Ideen erfolgreich umsetzen und ihr Unternehmen aufbauen.

6. Standortwahl:

Der Standort Ihres Unternehmens kann einen erheblichen Einfluss auf Ihren Erfolg haben. Faktoren wie Kundennähe, Verkehrsanbindung, Mietkosten, Arbeitskräftepotenzial und Lebensqualität sollten bei der Standortwahl berücksichtigt werden. Eine gründliche Standortanalyse kann Ihnen helfen, den optimalen Standort für Ihr Unternehmen zu finden.

Beispiel: Anna sucht nach einem geeigneten Standort in einem belebten Viertel mit hoher Fußgängerfrequenz und guter Verkehrsanbindung.
Umsetzung: Sie analysiert verschiedene Standorte, vergleicht Mietkosten und prüft die Zugänglichkeit und Sichtbarkeit, bevor sie sich für einen Standort entscheidet.

Die Wahl des Standorts für ein Unternehmen ist ein wichtiger Faktor, der den Erfolg des Unternehmens beeinflussen kann. Eine gute Standortwahl kann zu höheren Umsätzen und einer höheren Anzahl von Kunden führen. Eine gründliche Standortanalyse kann Ihnen helfen, einen optimalen Standort für Ihr Unternehmen zu finden, der alle für sie relevanten Faktoren berücksichtigt. Ein Beispiel hierfür ist Anna, die nach einem geeigneten Standort in einem belebten Viertel mit hoher Fußgängerfrequenz und guter Verkehrsanbindung sucht. Sie analysiert verschiedene Standorte, vergleicht Mietkosten und prüft die Zugänglichkeit und Sichtbarkeit, bevor sie sich für einen Standort entscheidet was für sie die entscheidendsten Standortfaktoren sind. In einem anderen Fall hingegen kann es sein das solche Standortfaktoren keine Rolle spielen und beispielsweise eine gute Verkehrsanbindung wesentlich relevanter ist.

7. Marketingstrategie entwickeln:

Ohne Kunden gibt es kein Geschäft. Daher ist es entscheidend, eine effektive Marketingstrategie zu entwickeln. Dies beinhaltet die Definition Ihrer Unique Selling Proposition (USP), die Entwicklung einer Markenidentität, die Auswahl der richtigen Marketingkanäle und die Planung konkreter Marketingmaßnahmen. Ein gut durchdachtes Marketingkonzept kann Ihnen helfen, Kunden zu gewinnen und zu binden.

Beispiel: Anna entwickelt eine Marketingstrategie, die Social Media, Influencer-Marketing, lokale Events und Mundpropaganda umfasst, um das Bewusstsein für ihr Café zu schärfen.
Umsetzung: Sie erstellt einen Marketingplan mit klaren Zielen, Budget und Zeitplan, und führt regelmäßige Auswertungen durch, um den Erfolg der Maßnahmen zu messen.

Eine erfolgreiche Marketingstrategie ist für jedes Unternehmen von großer Bedeutung. Besonders in Zeiten des Wettbewerbs ist es wichtig, sich von anderen Unternehmen abzuheben und eine starke Bindung zu den Kunden aufzubauen. Wie Anna in unserem Beispiel, sollten Sie gezielt die Bedürfnisse Ihrer Zielgruppe ansprechen und geeignete Marketingkanäle auswählen, um Ihre Botschaft effektiv zu kommunizieren. Eine klare Definition Ihrer USP und eine starke Markenidentität können Ihnen helfen, sich von der Konkurrenz abzuheben und das Vertrauen der Kunden zu gewinnen. Dabei sollten Sie auch immer den Erfolg Ihrer Marketingmaßnahmen messen und gegebenenfalls anpassen, um langfristig erfolgreich zu sein.

8. Netzwerk aufbauen:

Ein starkes Netzwerk kann Türen öffnen und den Weg zum Erfolg ebnen. Nutzen Sie Networking-Veranstaltungen, Branchentreffen, soziale Medien und andere Plattformen, um Kontakte zu potenziellen Kunden, Partnern, Beratern und anderen Unternehmern zu knüpfen. Ein gutes Netzwerk kann Ihnen nicht nur Geschäftsmöglichkeiten bieten, sondern auch wertvollen Rat und Unterstützung.

Beispiel: Anna nimmt an lokalen Unternehmertreffen, Branchenveranstaltungen und Online-Forums teil, um Kontakte zu knüpfen und ihr Netzwerk aufzubauen.
Umsetzung: Sie stellt sich aktiv vor, tauscht Visitenkarten aus, folgt Kontakten in sozialen Medien und pflegt Beziehungen durch regelmäßige Kommunikation und Treffen.

Ein starkes Netzwerk kann für jeden Unternehmer von unschätzbarem Wert sein. Es kann nicht nur neue Geschäftsmöglichkeiten eröffnen, sondern auch als Quelle für wertvolle Ratschläge und Unterstützung dienen. Es gibt viele Möglichkeiten, ein Netzwerk aufzubauen und zu pflegen. Networking-Veranstaltungen, Branchentreffen, soziale Medien und andere Plattformen können alle genutzt werden, um Kontakte zu knüpfen. Es ist wichtig, aktiv zu sein und sich vorzustellen, Visitenkarten auszutauschen und in Kontakt zu bleiben, um Beziehungen zu pflegen. Ein gutes Netzwerk kann den Weg zum Erfolg ebnen und Türen öffnen.

Zusammenfassend ist es wichtig, dass Sie sich die Zeit nehmen, die Grundlagen des Geschäftslebens gründlich zu verstehen und zu planen. Dies wird Ihnen helfen, fundierte Entscheidungen zu treffen, Risiken zu minimieren und Ihr Unternehmen auf Erfolgskurs zu bringen. Im nächsten Kapitel werden wir uns detailliert mit der Unternehmensgründung in Deutschland befassen.

Durch die sorgfältige Umsetzung dieser Schritte legt Anna ein solides Fundament für ihr nachhaltiges Café und ist gut vorbereitet, um in die Welt des Unternehmertums einzusteigen. Im nächsten Kapitel schauen wir uns das Beispiel von Max an, der sich einen Online-Shop aufbauen möchte und besonders auf die rechtlichen Bestimmungen in Deutschland achtet.

Es ist auch wichtig, dass Sie sich nicht scheuen, um Hilfe zu bitten und sich mit anderen Unternehmern zu vernetzen. Es gibt viele Organisationen und Netzwerke, die angehenden Unternehmern Unterstützung bieten können, sei es bei der Finanzierung, der Entwicklung von Geschäftsstrategien oder der Suche nach geeigneten Mitarbeitern. Eine solide Vorbereitung und ein Netzwerk von Gleichgesinnten können den Unterschied zwischen Erfolg und Misserfolg ausmachen. In Deutschland gibt es auch eine Vielzahl von Förderprogrammen und Zuschüssen für Start-ups, die es wert sind, erforscht zu werden. Im nächsten Kapitel werden wir uns detailliert mit der Gründung einer GmbH und den verschiedenen Optionen zur Finanzierung von Startups befassen.

Kapitel 2: Unternehmensgründung in Deutschland

Die Gründung eines Unternehmens in Deutschland ist ein aufregender Schritt, der jedoch auch mit zahlreichen Herausforderungen und Formalitäten verbunden ist.
In diesem Kapitel werden wir die einzelnen Schritte der Unternehmensgründung in Deutschland detailliert betrachten.

Es ist nicht absolut jeder Schritt für jedes Unternehmen relevant allerdings sollte sich jeder vor der Unternehmensgründung mit jedem dieser Schritte auseinander setzen.
Da gerade die rechtlichen Schritte in Deutschland essentiell wichtig sind müssen diese vorab nochmals geprüft werden in wie weit man selbst davon betroffen ist.

Jeder der eine Geschäftsidee hat, oder einfach nur loslegen möchte um sich selbst etwas aufzubauen, muss sich vorab absichern, dieser Schritt ist in Deutschland unumgänglich und darf nicht vernachlässigt werden.

1. Geschäftsidee und Businessplan:

Bevor Sie mit der Gründung beginnen, sollten Sie eine klare
Geschäftsidee haben und einen umfassenden Businessplan
erstellen. Dieser Plan sollte Ihre Geschäftsstrategie,
Marktanalyse, Finanzplanung und organisatorische Struktur
umfassen.
Da wir diesen Schritt bereits in Kapitel 1 angeschnitten haben
möchte ich hier nur noch einmal anhand eines anderen Beispiels
auf die Umsetzung eingehen.
Beispiel: Max möchte einen Online-Shop für handgefertigte
Möbel eröffnen. Er erstellt einen detaillierten Businessplan, der
Marktanalyse, Kostenkalkulation, Marketingstrategie und
Finanzprognosen enthält.
Umsetzung: Max führt eine umfassende Recherche durch,
konsultiert Experten und nutzt Businessplan-Tools, um einen
realistischen und überzeugenden Plan zu erstellen.

Starthilfe: Um etwas leichter den Überblick zu behalten genügt
es sich im Internet vorab einen Businessplan von beispielsweise
ChatGPT erstellen zu lassen. Solche Businesspläne dienen
allerdings nur als ganz grober Anriss und soll im Vorfeld dabei
helfen ob man den Weg weitergehen möchte oder ob man sich
mit seiner ersten Idee doch etwas überschätzt hat. Insofern man
AI nutzt ist jegliche Information nochmals zu überprüfen und
darauf zu achten das man sich nicht in die falsche Richtung
führen lässt.

2. Rechtsform wählen:

Nachdem Sie Ihre Geschäftsidee entwickelt haben, sollten Sie sich Gedanken über die passende Rechtsform machen. Die Wahl der Rechtsform hat direkte Auswirkungen auf die Haftung, Steuern und Unternehmensführung. Es gibt verschiedene Rechtsformen in Deutschland, darunter Einzelunternehmen, GbR, GmbH, UG und AG. Die Wahl der passenden Rechtsform hängt von verschiedenen Faktoren ab, wie z.B. der Größe des Unternehmens, der Art der Tätigkeit, der Anzahl der Gesellschafter und der geplanten Haftungsbeschränkungen.

Ein Einzelunternehmen ist eine einfache und kostengünstige Rechtsform, bei der der Inhaber allein für die Geschäftsführung und Haftung verantwortlich ist. Eine Gesellschaft bürgerlichen Rechts (GbR) ist eine Rechtsform für zwei oder mehrere Personen, bei der alle Gesellschafter gemeinsam haften und die Geschäftsführung gemeinschaftlich übernehmen.

Eine GmbH (Gesellschaft mit beschränkter Haftung) bietet eine Haftungsbeschränkung für die Gesellschafter und eine klare Trennung zwischen Geschäftsführung und Gesellschaftern. Eine UG (haftungsbeschränkt) ist eine Variante der GmbH, die sich besonders für Existenzgründer eignet, da sie mit einem geringen Stammkapital gegründet werden kann. Eine AG (Aktiengesellschaft) ist eine Rechtsform für große Unternehmen, die an der Börse gehandelt werden und eine hohe Flexibilität bei der Aufnahme von Kapital bietet.

Es ist wichtig, sich vor der Gründung gut zu informieren und gegebenenfalls professionelle Beratung in Anspruch zu nehmen, um die passende Rechtsform für Ihr Unternehmen zu wählen. Ein Steuerberater und ein Anwalt können Ihnen bei der Erstellung der Gründungsdokumente und der Erfüllung der Anforderungen der gewählten Rechtsform helfen.

Beispiel: Nach Beratung entscheidet sich Max für die Gründung einer UG (haftungsbeschränkt), um seine Haftung zu minimieren und von steuerlichen Vorteilen zu profitieren.

Umsetzung: Max konsultiert einen Steuerberater und einen Anwalt, um die Gründungsdokumente zu erstellen und die Anforderungen der gewählten Rechtsform zu erfüllen.

3. Gewerbeanmeldung:

Jedes Unternehmen in Deutschland muss angemeldet werden. Dies erfolgt durch die Gewerbeanmeldung beim zuständigen Gewerbeamt. Hierbei werden wichtige Informationen zu Ihrem Unternehmen erfasst, und Sie erhalten eine Gewerbeanmeldungsbestätigung, die Sie bei weiteren Behördengängen benötigen.

Beispiel: Max meldet sein Unternehmen beim örtlichen Gewerbeamt an und erhält eine Bestätigung der Gewerbeanmeldung.
Umsetzung: Er stellt sicher, dass er alle erforderlichen Unterlagen und Informationen bereithält und bezahlt die Anmeldegebühr.

Die Gewerbeanmeldung ist ein wichtiger Schritt für jeden Unternehmer, der in Deutschland sein Unternehmen gründen möchte. Es ist wichtig, dass alle notwendigen Informationen und Unterlagen bereitgestellt werden, um den Vorgang reibungslos abzuschließen.

Dazu gehört beispielsweise ein gültiger Personalausweis, eine Steuernummer und gegebenenfalls eine Handwerkskarte. Zudem ist es ratsam, sich frühzeitig über die Anmeldegebühren zu informieren und diese rechtzeitig zu bezahlen. Nach der Gewerbeanmeldung erhält man eine Gewerbeanmeldungsbestätigung, die bei weiteren Behördengängen benötigt wird. Es ist also wichtig, diese gut aufzubewahren und bei Bedarf vorzuzeigen.

4. Handelsregister-Eintragung:

Unternehmen mit bestimmten Rechtsformen, wie GmbH oder AG, müssen zusätzlich im Handelsregister eingetragen werden. Dies erfolgt beim Amtsgericht und dient der Offenlegung von Unternehmensinformationen.

Beispiel: Da Max eine UG gründet, muss er sein Unternehmen auch im Handelsregister eintragen lassen.
Umsetzung: Er reicht die notwendigen Unterlagen beim Amtsgericht ein und bezahlt die Eintragungsgebühr.

Die Eintragung ins Handelsregister ist ein wichtiger Schritt bei der Gründung eines Unternehmens. Es ermöglicht potenziellen Geschäftspartnern, Kunden und Lieferanten, wichtige Informationen über das Unternehmen abzurufen. Hierzu zählen beispielsweise der Name des Unternehmens, die Adresse des Geschäftssitzes, die Namen der Geschäftsführer sowie das Stammkapital.

Die Eintragung ins Handelsregister ist nicht nur für Unternehmen mit bestimmten Rechtsformen wie GmbH oder AG erforderlich, sondern auch für Unternehmer, die eine UG gründen möchten. Die notwendigen Unterlagen müssen beim Amtsgericht eingereicht werden und eine Eintragungsgebühr muss bezahlt werden.

Die Offenlegung von Unternehmensinformationen dient der Transparenz und Glaubwürdigkeit des Unternehmens. Potenzielle Geschäftspartner können somit Vertrauen in das Unternehmen aufbauen und es entsteht eine Grundlage für eine erfolgreiche Zusammenarbeit.

5. Finanzamt-Anmeldung:

Nach der Gewerbeanmeldung wird das Finanzamt automatisch über die Gründung Ihres Unternehmens informiert. Sie müssen jedoch einen Fragebogen zur steuerlichen Erfassung ausfüllen, um Ihre steuerlichen Pflichten zu klären und eine Steuernummer zu erhalten.

Beispiel: Max füllt den Fragebogen zur steuerlichen Erfassung aus und sendet ihn an das Finanzamt.
Umsetzung: Er gibt detaillierte Informationen zu seinem Unternehmen an und klärt alle steuerlichen Fragen, um seine Steuernummer zu erhalten.

Steuerliche Verpflichtungen:
Als Unternehmer sind Sie verpflichtet, Ihre Steuern zu zahlen und regelmäßig Steuererklärungen abzugeben. Dabei müssen Sie sich an die gesetzlichen Vorgaben und Fristen halten. Es empfiehlt sich, einen Steuerberater zu engagieren, der Ihnen bei der Erfüllung Ihrer steuerlichen Verpflichtungen unterstützt und mögliche Steuervorteile aufzeigt.

Beispiel: Max beauftragt einen Steuerberater, der ihm bei der Erfüllung seiner steuerlichen Verpflichtungen hilft und ihm Tipps gibt, wie er Steuervorteile nutzen kann.
Umsetzung: Der Steuerberater führt eine Buchhaltung und erstellt die Steuererklärungen für Max's Unternehmen.

6. Sozialversicherung:

Als Unternehmer sind Sie verpflichtet, sich selbst und ggf. Ihre Mitarbeiter sozialversicherungspflichtig anzumelden. Dies umfasst Kranken-, Renten-, Arbeitslosen- und Pflegeversicherung.

Beispiel: Max meldet sich selbst und seine ersten Mitarbeiter bei der Sozialversicherung an.
Umsetzung: Er informiert sich über die Beiträge und Meldefristen und stellt sicher, dass alle Anmeldungen fristgerecht erfolgen.

Die Sozialversicherung ist ein wichtiger Aspekt für alle Unternehmer und ihre Mitarbeiter. Als Arbeitgeber müssen Sie sicherstellen, dass Sie und Ihre Mitarbeiter in den oben genannten Bereichen versichert sind. Krankenversicherung ist besonders wichtig, da Sie und Ihre Mitarbeiter im Krankheitsfall angemessen versorgt werden müssen. Die Rentenversicherung sichert Ihre finanzielle Zukunft im Alter, während die Arbeitslosenversicherung im Falle eines Jobverlusts ein Sicherheitsnetz bietet. Die Pflegeversicherung ist wichtig, wenn Sie oder Ihre Mitarbeiter pflegebedürftig werden. Beachten Sie, dass es Fristen gibt, innerhalb derer Sie sich und Ihre Mitarbeiter anmelden müssen, um Sanktionen zu vermeiden. Es ist daher ratsam, sich frühzeitig über die Beiträge und Anmeldefristen zu informieren und sicherzustellen, dass alle Anmeldungen fristgerecht erfolgen.

7. Berufsgenossenschaft:

Jedes Unternehmen muss bei der zuständigen Berufsgenossenschaft angemeldet werden. Diese ist für die gesetzliche Unfallversicherung zuständig und bietet Unterstützung bei Arbeitsschutz und Gesundheitsförderung.

Beispiel: Max meldet sein Unternehmen bei der zuständigen Berufsgenossenschaft an.
Umsetzung: Er informiert sich über die Pflichten und Leistungen der Berufsgenossenschaft und stellt sicher, dass der Arbeitsschutz in seinem Unternehmen gewährleistet ist.

Durch die Anmeldung bei der Berufsgenossenschaft ist jedes Unternehmen automatisch gegen Arbeitsunfälle und Berufskrankheiten versichert. Im Falle eines Unfalls oder einer Krankheit werden die Kosten für die medizinische Versorgung und Rehabilitation von der Berufsgenossenschaft übernommen. Zudem bietet die Berufsgenossenschaft Unterstützung bei der Umsetzung von Arbeitsschutzmaßnahmen und der Gesundheitsförderung der Mitarbeiter. Max sollte daher regelmäßig die Angebote und Leistungen der Berufsgenossenschaft in Anspruch nehmen und dafür sorgen, dass seine Mitarbeiter sicher und gesund arbeiten können.

8. Bankkonto eröffnen:

Für die geschäftlichen Transaktionen ist es ratsam, ein separates Geschäftskonto zu eröffnen. Dies erleichtert die Buchführung und sorgt für eine klare Trennung zwischen geschäftlichen und privaten Finanzen.

Beispiel: Max eröffnet ein Geschäftskonto bei einer Bank, die günstige Konditionen für Gründer bietet.
Umsetzung: Er vergleicht verschiedene Bankangebote, stellt alle erforderlichen Unterlagen bereit und eröffnet das Konto.

Durch die Eröffnung eines Geschäftskontos können auch spätere Steuererklärungen einfacher und übersichtlicher erstellt werden. Zudem erhält man von der Bank oft eine Kreditkarte sowie weitere Services, die einem den Geschäftsalltag erleichtern können. Vor der Eröffnung sollte man sich jedoch genau über die Konditionen und Gebühren informieren, um unerwartete Kosten zu vermeiden. Außerdem ist es wichtig, das Geschäftskonto regelmäßig zu überwachen und Buchungen zeitnah zu verbuchen, um eine aktuelle Übersicht über die finanzielle Lage des Unternehmens zu haben.

9. Marketing und Kundenakquise:

Sobald Ihr Unternehmen offiziell gegründet ist, können Sie mit der Umsetzung Ihrer Marketingstrategie beginnen. Nutzen Sie verschiedene Marketingkanäle, um Ihre Zielgruppe zu erreichen und Kunden zu gewinnen.

Beispiel: Max implementiert seine Marketingstrategie, um seinen Online-Shop bekannt zu machen und Kunden zu gewinnen. **Umsetzung:** Er nutzt Social Media, SEO, Influencer-Marketing und andere Kanäle, um seine Zielgruppe zu erreichen und Verkäufe zu generieren.

Eine erfolgreiche Marketingstrategie kann Ihrem Unternehmen helfen, Kunden zu gewinnen und Ihr Geschäft zu fördern. Es gibt viele verschiedene Marketingkanäle, die Sie nutzen können, um Ihre Zielgruppe zu erreichen, wie zum Beispiel soziale Medien, E-Mail-Marketing, Content-Marketing und Suchmaschinenoptimierung (SEO). Um erfolgreich zu sein, sollten Sie sich auf die Kanäle konzentrieren, die Ihre Zielgruppe am besten ansprechen und Ihre Botschaft am effektivsten vermitteln. Es ist auch wichtig, eine klare und konsistente Botschaft zu kommunizieren, um das Vertrauen und die Loyalität Ihrer Kunden zu gewinnen.

10. Laufender Betrieb:

Mit der erfolgreichen Gründung Ihres Unternehmens beginnt der laufende Betrieb. Dies umfasst die tägliche Geschäftsführung, Kundenbetreuung, Buchführung, Steuererklärungen und die Weiterentwicklung Ihres Unternehmens.

Beispiel: Mit der erfolgreichen Gründung beginnt Max mit dem laufenden Betrieb seines Online-Shops.
Umsetzung: Er managt den täglichen Betrieb, kümmert sich um Kundenanfragen, führt die Buchhaltung und plant die Weiterentwicklung seines Unternehmens.

Es ist wichtig zu beachten, dass der laufende Betrieb eine kontinuierliche Arbeit erfordert. Es ist nicht nur wichtig, das Geschäft am Laufen zu halten, sondern auch, es ständig weiterzuentwickeln und zu verbessern. Ein erfolgreicher laufender Betrieb erfordert eine kluge Planung und Organisation. Es ist von Vorteil, wenn Sie sich mit anderen Unternehmern vernetzen und von ihren Erfahrungen lernen. Ein weiterer wichtiger Aspekt des laufenden Betriebs ist die Mitarbeiterführung. Ein gutes Team kann dazu beitragen, dass das Unternehmen reibungslos läuft und erfolgreich ist.

Die Unternehmensgründung in Deutschland kann komplex sein, aber mit sorgfältiger Planung und Beachtung der rechtlichen Anforderungen können Sie ein erfolgreiches Unternehmen aufbauen. Im nächsten Kapitel werden wir uns mit Geschäftsstrategien und Planung befassen, um Ihr Unternehmen auf Erfolgskurs zu bringen.

Durch die sorgfältige Beachtung jedes Schrittes und die Nutzung verfügbarer Ressourcen und Beratungsdienste kann Max sein Unternehmen erfolgreich in Deutschland gründen und betreiben. Im nächsten Kapitel werden wir uns mit Geschäftsstrategien und Planung befassen, um Ihr Unternehmen weiterhin auf Erfolgskurs zu halten.

Eine der wichtigsten Überlegungen bei der Gründung eines Unternehmens in Deutschland ist die Wahl der richtigen Rechtsform. Es gibt verschiedene Optionen wie die Einzelunternehmung, die GmbH oder die AG, von denen jede ihre eigenen Vor- und Nachteile hat. Eine sorgfältige Analyse Ihrer Geschäftsziele und Bedürfnisse sowie eine gründliche Beratung durch einen Experten können Ihnen helfen, die beste Entscheidung zu treffen.

Ein weiterer wichtiger Faktor ist die Finanzierung Ihres Unternehmens. Es gibt verschiedene Optionen wie Bankkredite, Geschäftspartner oder Crowdfunding. Eine genaue Kalkulation Ihrer finanziellen Bedürfnisse und ein durchdachter Finanzplan können Ihnen helfen, die beste Entscheidung zu treffen und Ihr Unternehmen auf eine solide finanzielle Grundlage zu stellen.

Schließlich ist es wichtig, Ihre Zielgruppe genau zu kennen und eine klare Marketingstrategie zu haben, um Ihre Produkte oder Dienstleistungen erfolgreich zu verkaufen. Eine gründliche Marktanalyse und eine durchdachte Werbekampagne können Ihnen helfen, Ihre Zielgruppe zu erreichen und Ihr Unternehmen erfolgreich zu machen.

Kapitel 3: Geschäftsstrategien und Planung

In diesem Kapitel werden wir uns mit den verschiedenen Strategien und Planungsmethoden befassen, die essentiell für den Erfolg eines Unternehmens sind. Die richtige Strategie und sorgfältige Planung können dazu beitragen, die Unternehmensziele zu erreichen und auf Herausforderungen vorbereitet zu sein.

Es gibt viele verschiedene Arten von Geschäftsstrategien, die ein Unternehmen verfolgen kann, einschließlich Wachstumsstrategien, Kostenführerschaftsstrategien und Differenzierungsstrategien. Jede Strategie hat ihre eigenen Vor- und Nachteile, und es ist wichtig, die am besten geeignete Strategie für das Unternehmen auszuwählen. Darüber hinaus ist eine sorgfältige Planung unerlässlich, um sicherzustellen, dass die Strategie erfolgreich umgesetzt wird. Eine gute Planung umfasst die Identifizierung von Zielen, die Festlegung von Meilensteinen und die Zuweisung von Ressourcen. Letztendlich ist die Kombination einer geeigneten Geschäftsstrategie und einer sorgfältigen Planung der Schlüssel zum Erfolg eines jeden Unternehmens.

1. SWOT-Analyse:

Die SWOT-Analyse ist ein Werkzeug zur Identifizierung der Stärken (Strengths), Schwächen (Weaknesses), Chancen (Opportunities) und Risiken (Threats) eines Unternehmens. Dies hilft Unternehmern, interne und externe Faktoren zu verstehen, die den Erfolg beeinflussen können.

Beispiel: Lena führt für ihr neu gegründetes Catering-Unternehmen eine SWOT-Analyse durch, um Stärken, Schwächen, Chancen und Risiken zu identifizieren.
Umsetzung: Lena analysiert interne Faktoren wie ihre Kochfähigkeiten und finanzielle Ressourcen sowie externe Faktoren wie Markttrends und Konkurrenz. Sie nutzt die Ergebnisse, um Strategien zu entwickeln.

Nutzen der SWOT-Analyse:
Die SWOT-Analyse ist ein nützliches Werkzeug für Unternehmen, um ihre Position im Markt zu verstehen und ihre Geschäftsstrategien zu optimieren. Durch die Identifizierung von Stärken und Schwächen können Unternehmen ihre internen Prozesse verbessern und ihre Wettbewerbsfähigkeit steigern. Die Identifizierung von Chancen und Risiken ermöglicht es Unternehmern, auf Veränderungen im Markt zu reagieren und neue Geschäftsmöglichkeiten zu nutzen. Eine SWOT-Analyse kann auch bei der Entscheidungsfindung unterstützen, indem sie eine klare Sicht auf die Faktoren bietet, die den Erfolg des Unternehmens beeinflussen. Insgesamt kann die SWOT-Analyse dazu beitragen, dass Unternehmen erfolgreicher agieren und langfristig profitabler werden.

2. Zielsetzung:

Die Festlegung klarer und messbarer Ziele ist grundlegend für die Unternehmensentwicklung. Ziele sollten spezifisch, messbar, akzeptiert, realistisch und terminiert (SMART) sein, um ihre Erreichbarkeit und Relevanz sicherzustellen.

Beispiel: Lena setzt klare und messbare Ziele für ihr Unternehmen, wie die Steigerung der Kundenzahl und des Umsatzes.
Umsetzung: Sie verwendet die SMART-Kriterien (spezifisch, messbar, akzeptiert, realistisch, terminiert) für die Zielsetzung und erstellt einen Aktionsplan.

Die Zielsetzung ist ein wichtiger Schritt bei der Unternehmensentwicklung. Es ist von großer Bedeutung, dass Ziele klar definiert und messbar sind, um sicherzustellen, dass sie erreichbar und relevant sind. Hierbei kann das SMART-Kriterium als Leitfaden dienen, um die Ziele spezifisch, messbar, akzeptiert, realistisch und terminiert festzulegen. Ein Beispiel hierfür wäre, dass Lena klare und messbare Ziele für ihr Unternehmen setzt, wie die Steigerung der Kundenzahl und des Umsatzes. Um diese Ziele zu erreichen, arbeitet sie mit einem Aktionsplan, welcher auf den SMART-Kriterien basiert. Durch die Umsetzung dieses Plans kann Lena ihr Unternehmen erfolgreich entwickeln und wachsen lassen.

3. Marktpositionierung:

Die Positionierung eines Unternehmens auf dem Markt ist entscheidend für die Differenzierung von der Konkurrenz. Dies beinhaltet die Definition der Unique Selling Proposition (USP) und die Anpassung der Marketingbotschaft an die Zielgruppe.

Beispiel: Lena positioniert ihr Catering-Unternehmen als Premium-Anbieter mit Fokus auf gesunde und kreative Gerichte.
Umsetzung: Sie definiert ihre Unique Selling Proposition (USP), analysiert die Zielgruppe und passt ihre Marketingbotschaft entsprechend an.

Durch diese gezielte Marktpositionierung kann Lena ihr Catering-Unternehmen von anderen Anbietern abheben und eine spezifische Zielgruppe ansprechen. Kunden, die Wert auf gesunde und kreative Gerichte legen, werden durch die USP des Unternehmens angesprochen und sind bereit, höhere Preise zu zahlen. Lena kann durch ihre Premium-Positionierung höhere Gewinnmargen erzielen und ihr Unternehmen langfristig erfolgreich am Markt etablieren.

4. Wettbewerbsanalyse:

Die Analyse der Wettbewerber ermöglicht es, die Strategien, Stärken und Schwächen der Konkurrenz zu verstehen. Dies ist wichtig, um Wettbewerbsvorteile zu identifizieren und die eigene Marktposition zu stärken.

Beispiel: Lena analysiert die Konkurrenz, um ihre Angebote, Preise und Marketingstrategien zu verstehen.
Umsetzung: Sie sammelt Daten über andere Catering-Unternehmen, identifiziert ihre Stärken und Schwächen und sucht nach Möglichkeiten zur Differenzierung.

Durch die Wettbewerbsanalyse kann Lena herausfinden, welche Angebote besonders beliebt sind und welche Preise von anderen Unternehmen aufgerufen werden. Sie kann dadurch ihre eigenen Angebote anpassen und ihre Preise konkurrenzfähig gestalten. Auch die Marketingstrategien der Konkurrenz können ihr helfen, ihre eigene Strategie zu optimieren und sich von anderen Anbietern abzuheben. Eine differenzierte Positionierung ist wichtig, um Kunden zu überzeugen und langfristig erfolgreich zu sein.

5. Finanzplanung:

Eine solide Finanzplanung ist das Rückgrat eines jeden Unternehmens. Sie umfasst die Budgetierung, die Prognose von Einnahmen und Ausgaben, die Cashflow-Analyse und die Planung von Investitionen.

Beispiel: Lena erstellt einen detaillierten Finanzplan, der Einnahmen, Ausgaben, Cashflow und Rentabilität berücksichtigt.
Umsetzung: Sie kalkuliert die Kosten für Zutaten, Personal und Betrieb, prognostiziert die Einnahmen und plant Investitionen.

Eine solide Finanzplanung ist nicht nur für Unternehmen wichtig, sondern auch für Privatpersonen. Eine Budgetierung und die Prognose von Einnahmen und Ausgaben können dazu beitragen, dass man seine Finanzen besser im Griff hat und finanzielle Ziele einfacher erreichen kann. Auch eine Cashflow-Analyse kann hilfreich sein, um zu sehen, wie viel Geld man zur Verfügung hat und wo es eventuell Engpässe geben könnte. Die Planung von Investitionen ist ebenfalls ein wichtiger Aspekt einer Finanzplanung. Hier sollte man sich überlegen, in welche Bereiche man investieren möchte und welche Rendite man sich davon erhofft. Lena hat durch ihre detaillierte Finanzplanung eine gute Übersicht über ihre finanzielle Situation und kann ihre Entscheidungen darauf basieren lassen.

6. Marketingstrategie:

Wie schon im vorherigen Kapitel angeschnitten ist die Entwicklung und Umsetzung einer effektiven Marketingstrategie essentiell, um Kunden zu gewinnen und zu binden. Dies beinhaltet die Auswahl der Marketingkanäle, die Festlegung des Budgets und die Messung der Ergebnisse.

Beispiel: Lena entwickelt eine Marketingstrategie, die Social Media, Event-Catering und Mundpropaganda umfasst. **Umsetzung:** Sie erstellt einen Marketingplan, setzt Budgets fest und misst regelmäßig den Erfolg der Maßnahmen.

Eine gute Marketingstrategie ist ein wichtiger Bestandteil eines jeden erfolgreichen Unternehmens. Es ist wichtig, die richtigen Marketingkanäle auszuwählen, um die Zielgruppe zu erreichen. Lena hat beispielsweise Social Media, Event-Catering und Mundpropaganda als Kanäle gewählt, um ihre Produkte zu bewerben. Die Festlegung eines Budgets ist ebenfalls wichtig, um sicherzustellen, dass die Marketingaktivitäten innerhalb der finanziellen Möglichkeiten des Unternehmens bleiben. Schließlich ist es auch entscheidend, die Ergebnisse regelmäßig zu messen, um zu sehen, was funktioniert und was nicht, und um die Marketingstrategie entsprechend anzupassen. Lena hat einen Marketingplan erstellt, um sicherzustellen, dass ihre Aktivitäten auf Kurs bleiben und dass sie den gewünschten Erfolg erzielen.

7. Risikomanagement:

Risikomanagement beinhaltet die Identifizierung, Bewertung und Priorisierung von Risiken sowie die Entwicklung von Strategien zur Minimierung oder Kontrolle dieser Risiken.

Beispiel: Lena identifiziert potenzielle Risiken wie Lebensmittelsicherheit, Mitarbeiterausfall und Marktschwankungen.
Umsetzung: Sie entwickelt Präventionsmaßnahmen, erstellt Notfallpläne und prüft Versicherungsoptionen.

Risikomanagement ist ein wichtiger Bestandteil jeder erfolgreichen Unternehmensstrategie. Ziel ist es, unvorhergesehene Ereignisse zu antizipieren und proaktiv Maßnahmen zu ergreifen, um das Unternehmen zu schützen und das Risiko zu minimieren.

Ein Beispiel für Risikomanagement ist, wenn Lena als Restaurantbesitzerin potenzielle Risiken wie Lebensmittelsicherheit, Mitarbeiterausfall und Marktschwankungen identifiziert. Sie entwickelt dann entsprechende Präventionsmaßnahmen, erstellt Notfallpläne und prüft Versicherungsoptionen, um im Falle eines unvorhergesehenen Ereignisses schnell handeln zu können.

Durch eine solide Risikomanagement-Strategie kann ein Unternehmen langfristig erfolgreich sein und sich vor unerwarteten Verlusten schützen.

8. Personalplanung:

Die Planung des Personalbedarfs, die Rekrutierung und die Entwicklung von Mitarbeitern sind zentrale Aufgaben im Personalmanagement. Dies trägt zur Leistungsfähigkeit und Zufriedenheit der Belegschaft bei.

Beispiel: Lena plant den Personalbedarf für ihre Catering-Aufträge und stellt Köche und Servicepersonal ein.
Umsetzung: Sie erstellt Stellenbeschreibungen, führt Bewerbungsgespräche und trifft Vereinbarungen zur Arbeitszeit und Vergütung.

Eine erfolgreiche Personalplanung ist ein wichtiger Faktor für den langfristigen Erfolg eines Unternehmens. Es geht darum, den Bedarf an qualifizierten Mitarbeitern zu ermitteln und geeignete Kandidaten zu finden.

Um den Personalbedarf zu ermitteln, können verschiedene Methoden wie Prognosen oder Erfahrungswerte herangezogen werden. Anschließend geht es darum, die passenden Bewerber zu finden und auszuwählen. Hierbei sollten nicht nur fachliche Kompetenzen, sondern auch Soft Skills wie Teamfähigkeit oder Kommunikationsfähigkeit berücksichtigt werden.

Die Personalentwicklung ist ein weiterer wichtiger Aspekt der Personalplanung. Es geht darum, die Mitarbeiter zu fördern und weiterzuentwickeln, um ihre Leistungsfähigkeit und Zufriedenheit zu erhöhen. Hierfür können verschiedene Maßnahmen wie Schulungen oder Coaching eingesetzt werden.

Insgesamt trägt eine erfolgreiche Personalplanung dazu bei, die Motivation und Leistungsbereitschaft der Mitarbeiter zu steigern und somit den langfristigen Erfolg des Unternehmens zu sichern.

9. Qualitätsmanagement:

Qualitätsmanagement zielt darauf ab, die Qualität von Produkten und Dienstleistungen sicherzustellen und kontinuierlich zu verbessern. Dies beinhaltet die Entwicklung von Qualitätsstandards und Kontrollmechanismen.

Beispiel: Lena implementiert Qualitätsmanagement-Systeme, um die Qualität ihrer Gerichte und Dienstleistungen sicherzustellen.
Umsetzung: Sie entwickelt Qualitätsstandards, führt regelmäßige Kontrollen durch und sammelt Kundenfeedback.

Außerdem ist es wichtig, dass Unternehmen eine Kultur der Qualitätssicherung und -verbesserung schaffen. Dies kann durch Schulungen und Schulungsprogramme für Mitarbeiter erreicht werden, um sicherzustellen, dass sie die Qualitätsstandards verstehen und in der Lage sind, sie umzusetzen. Eine gute Kommunikation zwischen den Mitarbeitern und der Geschäftsführung ist ebenfalls von großer Bedeutung, um Probleme schnell zu identifizieren und Lösungen zu finden. Durch die Implementierung von Qualitätsmanagement-Systemen können Unternehmen nicht nur die Kundenzufriedenheit und die Effizienz steigern, sondern auch die Kosten senken und Wettbewerbsvorteile erzielen.

10. Weiterentwicklung:

Die kontinuierliche Weiterentwicklung des Unternehmens durch Innovation, Expansion und Anpassung an Markttrends ist wichtig für langfristigen Erfolg und Wettbewerbsfähigkeit.

Beispiel: Lena plant die Weiterentwicklung ihres Unternehmens durch die Erweiterung des Angebots und die Erschließung neuer Märkte.

Umsetzung: Sie analysiert Markttrends, sucht nach Wachstumsmöglichkeiten und passt ihre Geschäftsstrategie entsprechend an.

Die Weiterentwicklung eines Unternehmens ist ein entscheidender Faktor für seinen langfristigen Erfolg und seine Wettbewerbsfähigkeit. Eine Möglichkeit, dies zu erreichen, ist durch innovative Ideen, die die Expansion des Unternehmens vorantreiben und sich an die sich ständig ändernden Markttrends anpassen. Ein Beispiel dafür ist Lena, die plant, ihr Unternehmen durch die Erweiterung ihres Angebots und die Erschließung neuer Märkte weiterzuentwickeln. Um dies zu erreichen, analysiert sie zunächst die Markttrends und sucht gezielt nach Wachstumsmöglichkeiten. Anschließend passt sie ihre Geschäftsstrategie entsprechend an, um ihr Unternehmen auf dem Markt weiter zu positionieren und langfristig erfolgreich zu sein.

Durch die Integration dieser Strategien und Planungselemente können Unternehmer eine solide Grundlage für den Erfolg schaffen und ihr Unternehmen effektiv steuern und entwickeln. Im nächsten Kapitel werden wir uns vertieft mit den Aspekten des Marketings und der Markenbildung auseinandersetzen.

Durch die Anwendung effektiver Geschäftsstrategien und sorgfältiger Planung kann Lena ihr Catering-Unternehmen erfolgreich führen und weiterentwickeln.

Lena hat sich zu Beginn ihres Unternehmensabenteuers klare Ziele gesetzt und sich intensiv mit verschiedenen Geschäftsstrategien und Planungselementen auseinandergesetzt. Durch die Integration dieser Elemente konnte sie eine solide Grundlage für den Erfolg ihres Catering-Unternehmens schaffen. Mithilfe einer sorgfältigen Planung und Umsetzung der Strategien hat Lena das Unternehmen kontinuierlich weiterentwickelt und erfolgreich geführt. Nun ist es an der Zeit, sich mit den Aspekten des Marketings und der Markenbildung auseinanderzusetzen, um die Sichtbarkeit und Attraktivität des Unternehmens zu steigern. Denn auch wenn das Unternehmen bereits gut läuft, gibt es immer noch Potenzial für Wachstum und Verbesserung. Im nächsten Kapitel werden wir uns daher intensiv mit diesen Themen beschäftigen und Julia dabei helfen, ihr bereits erfolgreiches Unternehmen noch erfolgreicher zu machen.

Kapitel 4: Marketing und Markenbildung

Marketing und Markenbildung sind zentrale Elemente für den Erfolg eines Unternehmens. Sie helfen dabei, die Sichtbarkeit zu erhöhen, Kunden zu gewinnen und die Unternehmensidentität zu stärken.

Eine erfolgreiche Marketingstrategie umfasst eine klare Zielgruppenanalyse, eine differenzierte Positionierung des Unternehmens und eine gezielte Ansprache potenzieller Kunden. Dabei spielt auch die Wahl der richtigen Kanäle eine wichtige Rolle: Online-Marketing, Social Media, klassische Werbung oder Events sind nur einige Beispiele für mögliche Maßnahmen.

Die Markenbildung ist eng mit dem Marketing verbunden und umfasst die Entwicklung und Pflege einer einzigartigen Identität und Persönlichkeit des Unternehmens. Eine starke Marke schafft Vertrauen, Identifikation und Loyalität bei den Kunden und kann sich so langfristig am Markt behaupten.

Es ist wichtig, dass Marketing und Markenbildung kontinuierlich überwacht und angepasst werden, um den sich ständig verändernden Marktanforderungen gerecht zu werden. Nur so kann ein Unternehmen langfristig erfolgreich sein.

1. Marktforschung:

Marktforschung ist der Prozess der Sammlung und Analyse von Daten über den Markt, die Konkurrenz und die Zielgruppe. Sie bildet die Grundlage für fundierte Marketingentscheidungen.

Beispiel: Julia führt für ihr Start-up im Bereich nachhaltige Mode eine Marktforschung durch, um die Bedürfnisse der Zielgruppe zu verstehen.
Umsetzung: Sie nutzt Umfragen, Interviews und Datenanalysen, um Einblicke in Kundenpräferenzen, Markttrends und Wettbewerbslandschaft zu gewinnen.

Nutzen und Vorteile von Marktforschung:
Durch eine effektive Marktforschung kann ein Unternehmen wichtige Erkenntnisse über die Bedürfnisse und Wünsche der Zielgruppe gewinnen. Auf der Grundlage dieser Erkenntnisse können dann gezielte Marketingstrategien entwickelt werden, um die Zielgruppe bestmöglich anzusprechen und zu erreichen. Auch können durch die Kenntnis der Wettbewerbslandschaft und Markttrends risikoreiche Investments vermieden werden. Eine fundierte Marktforschung kann somit dazu beitragen, die Erfolgschancen eines Unternehmens zu erhöhen und die Effektivität von Marketingaktivitäten zu steigern.

2. Marketing-Mix:

Der Marketing-Mix besteht aus den 4Ps: Produkt, Preis, Platz (Distribution) und Promotion. Die richtige Kombination dieser Elemente ist entscheidend für den Markterfolg.

Beispiel: Julia entwickelt einen ausgewogenen Marketing-Mix, der die Einzigartigkeit ihrer Produkte hervorhebt.
Umsetzung: Sie legt Wert auf Qualität (Produkt), setzt faire Preise (Preis), wählt nachhaltige Vertriebskanäle (Platz) und plant kreative Werbekampagnen (Promotion).

Ein ausgewogener Marketing-Mix ist für den Erfolg eines Unternehmens von großer Bedeutung. Es geht darum, die richtige Kombination aus Produkt, Preis, Platz und Promotion zu finden. Das Produkt sollte einzigartig sein und Qualität bieten. Der Preis sollte fair sein, um Kunden anzulocken und gleichzeitig genügend Gewinn zu erzielen. Die Platzierung, also die Distribution des Produkts, sollte nachhaltig und effektiv sein. Schließlich ist die Promotion, also die Werbung, ein wichtiger Faktor, um Kunden auf das Produkt aufmerksam zu machen. Julia hat diese Elemente berücksichtigt und einen erfolgreichen Marketing-Mix entwickelt, der ihre Produkte hervorhebt.

3. Online-Marketing:

Online-Marketing umfasst eine Vielzahl von Techniken und Kanälen, wie SEO, SEM, Social Media Marketing und E-Mail-Marketing, um online Präsenz aufzubauen und Kunden zu erreichen.

Beispiel: Julia setzt auf Online-Marketing, um ihre nachhaltige Mode einem breiten Publikum vorzustellen.
Umsetzung: Sie optimiert ihre Website für Suchmaschinen (SEO), nutzt Social Media Plattformen und erstellt E-Mail-Newsletter für Kundenbindung.

Online-Marketing ist heutzutage ein wichtiger Bestandteil des Marketings. Es ist nicht nur kosteneffektiv, sondern bietet auch eine Vielzahl von Techniken und Kanälen, um online Präsenz aufzubauen und Kunden zu erreichen. SEO beispielsweise zielt darauf ab, die Sichtbarkeit einer Website in den Suchergebnissen von Suchmaschinen zu erhöhen, während SEM auf bezahlte Anzeigen in Suchmaschinen abzielt. Social Media Marketing nutzt soziale Netzwerke wie Facebook, Twitter und Instagram, um Kunden zu erreichen, und E-Mail-Marketing ist eine effektive Möglichkeit, Kunden zu binden und ihnen relevante Informationen und Angebote zu senden. Insgesamt bietet Online-Marketing eine effektive Möglichkeit, um Unternehmen und Marken aufzubauen und Kunden zu erreichen.

4. Offline-Marketing:

Offline-Marketing beinhaltet traditionelle Werbemaßnahmen wie Printwerbung, Direktmarketing, Messen und Veranstaltungen, um die Zielgruppe offline zu erreichen.

Beispiel: Zusätzlich zu Online-Maßnahmen organisiert Julia Pop-up-Events und arbeitet mit lokalen Geschäften zusammen. **Umsetzung:** Sie nutzt diese Events und Kooperationen, um direkten Kundenkontakt herzustellen und ihre Marke im lokalen Umfeld zu stärken.

Für viele Unternehmen ist Offline-Marketing nach wie vor ein wichtiger Bestandteil ihrer Marketingstrategie. Vor allem in bestimmten Branchen wie dem Einzelhandel oder der Gastronomie kann der persönliche Kontakt zum Kunden entscheidend sein. Pop-up-Events sind eine beliebte Methode, um temporäre Verkaufsaktionen oder Produktpräsentationen durchzuführen und so Interesse bei potenziellen Kunden zu wecken. Auch die Zusammenarbeit mit lokalen Geschäften kann sich positiv auf das Image der eigenen Marke auswirken und den Bekanntheitsgrad steigern. Wichtig ist dabei jedoch, dass die Offline-Maßnahmen sinnvoll mit den Online-Aktivitäten verknüpft werden, um eine einheitliche Markenbotschaft zu vermitteln.

5. Markenstrategie:

Die Entwicklung einer klaren Markenstrategie ist essenziell, um eine starke Marke aufzubauen. Dies beinhaltet die Definition von Markenwerten, Markenpersönlichkeit und Markenversprechen.

Beispiel: Julia definiert klare Markenwerte wie Nachhaltigkeit, Qualität und Transparenz für ihr Modelabel.
Umsetzung: Sie kommuniziert diese Werte konsequent in allen Marketingmaterialien und schafft so ein einheitliches und wiedererkennbares Markenbild.

Eine starke Markenstrategie ist ein wichtiger Faktor für den Erfolg eines Unternehmens. Es geht darum, die Identität und Werte der Marke klar zu definieren und zu kommunizieren. Durch eine klare Markenpersönlichkeit und ein einheitliches Markenversprechen schafft man Vertrauen und eine Bindung zu den Kunden. Eine erfolgreiche Umsetzung der Markenstrategie erfordert eine konsequente Kommunikation der Markenwerte in sämtlichen Marketingaktivitäten und -materialien. So kann man ein einheitliches und wiedererkennbares Markenbild schaffen und sich somit von der Konkurrenz abheben.

6. Content-Marketing:

Content-Marketing zielt darauf ab, relevante und wertvolle Inhalte zu erstellen und zu verteilen, um eine Zielgruppe anzuziehen, zu binden und letztendlich zu Kunden zu konvertieren.

Beispiel: Julia erstellt interessante und informative Inhalte rund um nachhaltige Mode und Lifestyle.
Umsetzung: Sie veröffentlicht Blogbeiträge, Videos und Infografiken, um ihre Zielgruppe zu informieren, zu unterhalten und zu binden.

Durch die Verwendung von Content-Marketing können Unternehmen eine Verbindung zu ihren Kunden aufbauen, indem sie ihnen nützliche und informative Inhalte zur Verfügung stellen. Dies kann dazu beitragen, das Vertrauen der Kunden zu gewinnen und sie dazu zu bewegen, langfristige Beziehungen mit dem Unternehmen aufzubauen. Darüber hinaus kann Content-Marketing auch dazu beitragen, das Bewusstsein für die Marke zu erhöhen und das Engagement der Zielgruppe zu fördern. In einer Zeit, in der Verbraucher immer wählerischer werden und traditionelle Werbemethoden an Wirksamkeit verlieren, kann Content-Marketing eine effektive Strategie sein, um Kunden zu gewinnen und zu halten.

7. Kundenbeziehungsmanagement (CRM):

CRM befasst sich mit der Verwaltung und Analyse von Kundeninteraktionen und -daten, um Kundenbeziehungen zu verbessern, die Kundenzufriedenheit zu erhöhen und den Umsatz zu steigern.

Beispiel: Julia implementiert ein CRM-System, um Kundenbeziehungen effektiv zu managen.
Umsetzung: Sie nutzt das System, um Kundendaten zu speichern, Interaktionen zu verfolgen und personalisierte Angebote zu erstellen.

Durch die Implementierung eines CRM-Systems kann Julia sicherstellen, dass alle Kundeninteraktionen und -daten an einem Ort zentralisiert sind. Sie kann sehen, wie Kunden auf verschiedene Angebote reagieren und ihre Einkaufsgewohnheiten analysieren. Diese Daten ermöglichen es ihr, personalisierte Angebote zu erstellen und gezielte Marketingkampagnen zu starten, um die Kundenzufriedenheit zu erhöhen und den Umsatz zu steigern. Darüber hinaus kann sie mithilfe des CRM-Systems auch Kundenfeedback sammeln und schnell auf Anfragen oder Beschwerden reagieren, was zu einer effektiveren Kundenbetreuung führt. Insgesamt ist das CRM ein wichtiger Bestandteil des Kundenbeziehungsmanagements und kann dazu beitragen, die Beziehung zwischen Unternehmen und Kunden zu verbessern.

8. Public Relations 1 (PR):

PR umfasst Strategien und Taktiken zur Förderung eines positiven Unternehmensimages und zur Pflege von Beziehungen zu Medien, Influencern und der Öffentlichkeit.

Beispiel: Julia baut Beziehungen zu Medien und Influencern auf, um die Sichtbarkeit ihrer Marke zu erhöhen.
Umsetzung: Sie sendet Pressemitteilungen, organisiert Events und arbeitet mit Meinungsführern zusammen, um positive Berichterstattung zu generieren.

Ein positives Unternehmensimage und gute Beziehungen zu Medien und Influencern sind für viele Unternehmen von großer Bedeutung, um ihre Marke bekannt zu machen und das Vertrauen der Kunden zu gewinnen. Public Relations (PR) umfasst Strategien und Taktiken, die dazu dienen, ein positives Unternehmensimage zu fördern und Beziehungen zu Medien, Influencern und der Öffentlichkeit zu pflegen.

Ein gutes Beispiel dafür ist Julia, die Beziehungen zu Medien und Influencern aufbaut, um die Sichtbarkeit ihrer Marke zu erhöhen. Sie setzt dabei auf verschiedene Maßnahmen wie das Versenden von Pressemitteilungen, die Organisation von Events und die Zusammenarbeit mit Meinungsführern, um positive Berichterstattung zu generieren. Durch gezielte PR-Maßnahmen kann ein Unternehmen seine Bekanntheit steigern und das Vertrauen der Kunden gewinnen.

9. Performance-Messung:

Die Messung der Marketingperformance durch Key Performance Indicators (KPIs) ist wichtig, um den Erfolg von Marketingaktivitäten zu bewerten und Optimierungspotenziale zu identifizieren.

Beispiel: Julia misst regelmäßig die Performance ihrer Marketingaktivitäten anhand von KPIs.
Umsetzung: Sie analysiert Website-Traffic, Conversion-Rates und Kundenfeedback, um den ROI (Return on Investment) zu berechnen und Optimierungsmöglichkeiten zu identifizieren.

Um jedoch eine aussagekräftige Messung zu erhalten, ist es wichtig, die richtigen KPIs zu wählen. Diese sollten sich an den Zielen des Unternehmens und der Marketingstrategie orientieren. Eine hohe Anzahl an Website-Besuchern ist beispielsweise nicht immer aussagekräftig, wenn diese nicht zu einer erhöhten Anzahl an Conversions führen.

Neben der Auswahl der KPIs ist auch die regelmäßige Überwachung der Performance von großer Bedeutung. Nur so können Trends und Entwicklungen frühzeitig erkannt werden und gezielte Optimierungsmaßnahmen ergriffen werden.

Zudem sollten die Ergebnisse der Performance-Messung nicht isoliert betrachtet werden, sondern immer in Bezug auf die gesamte Marketingstrategie des Unternehmens. Nur so können sinnvolle Schlüsse gezogen und Entscheidungen getroffen werden, die langfristig zum Erfolg des Unternehmens beitragen.

10. Markenrecht:

Das Verständnis und die Einhaltung des Markenrechts sind wichtig, um die eigene Marke zu schützen und rechtliche Auseinandersetzungen zu vermeiden.

Beispiel: Julia informiert sich über das Markenrecht und schützt den Namen und das Logo ihres Modelabels rechtlich. **Umsetzung:** Sie meldet ihre Marke beim Deutschen Patent- und Markenamt an und achtet darauf, keine Rechte Dritter zu verletzen.

Durch die Einhaltung des Markenrechts kann Julia sicherstellen, dass sie die einzige Person ist, die den Namen und das Logo ihres Modelabels verwenden darf. Das schützt ihr Unternehmen vor Nachahmern und Wettbewerbern, die versuchen könnten, ihre Marke zu kopieren oder zu missbrauchen. Durch die Anmeldung ihrer Marke beim Deutschen Patent- und Markenamt kann sie auch sicherstellen, dass sie im Falle von Rechtsstreitigkeiten über die Nutzung ihres Namens und Logos geschützt ist. Darüber hinaus sollte Julia sicherstellen, dass sie keine Rechte Dritter verletzt, indem sie sicherstellt, dass ihre Marke nicht ähnlich oder identisch mit anderen bereits registrierten Marken ist. Dies kann ihr helfen, kostspielige und zeitaufwändige Rechtsstreitigkeiten zu vermeiden und sich auf das Wachstum ihres Unternehmens zu konzentrieren.

Durch die Kombination von kreativen Marketingstrategien und konsequenter Markenbildung kann Julia ihr Modelabel erfolgreich im Markt positionieren und eine loyale Kundengemeinschaft aufbauen. Im nächsten Kapitel werden wir uns mit den Herausforderungen und Lösungen im Bereich Kundenmanagement befassen.

Um eine loyale Kundengemeinschaft aufzubauen, ist es wichtig, einen hohen Standard an Kundenservice zu bieten. Julia sollte sicherstellen, dass sie auf Kundenanfragen schnell und effektiv reagiert und sich bemüht, ihre Kunden zufrieden zu stellen. Sie sollte auch regelmäßig Feedback von ihren Kunden einholen, um zu verstehen, was sie verbessern kann und welche Produkte oder Dienstleistungen ihre Kunden suchen.

Ein weiterer wichtiger Aspekt des Kundenmanagements ist die Personalisierung. Julia sollte sich bemühen, ihre Kunden persönlich anzusprechen und ihnen das Gefühl zu geben, dass sie geschätzt werden. Dies kann durch personalisierte Angebote, Empfehlungen oder Geschenke erreicht werden.

Schließlich sollte Julia ihre Kundenbindung durch die Schaffung einer Gemeinschaft verstärken. Sie kann dies durch die Organisation von Veranstaltungen, die Zusammenarbeit mit Influencern oder die Nutzung von Social-Media-Plattformen erreichen. Durch die Schaffung einer Gemeinschaft können Kunden das Gefühl haben, Teil einer größeren Bewegung zu sein und sich mit Julias Marke zu identifizieren.

Insgesamt ist das Kundenmanagement ein entscheidender Faktor für den Erfolg von Julias Modelabel. Wenn sie ihre Kundengemeinschaft pflegt und weiterentwickelt, wird sie ihre Marke erfolgreich im Markt positionieren und ihr Geschäft ausbauen können.

Kapitel 5: Kundenmanagement und Kundenzufriedenheit

Ein effektives Kundenmanagement umfasst die Identifizierung der Bedürfnisse Ihrer Kunden, die Schaffung einer positiven Beziehung zu ihnen und die Bereitstellung von Lösungen für ihre Probleme und Anliegen. Es ist wichtig, Ihre Kunden kontinuierlich zu betreuen und zu unterstützen, um sicherzustellen, dass sie mit Ihrem Unternehmen zufrieden sind und gerne wiederkommen.

Eine der größten Herausforderungen im Kundenmanagement ist die Gewährleistung einer konsistenten Kundenerfahrung. Kunden erwarten, dass jedes Interaktion mit Ihrem Unternehmen reibungslos und effizient verläuft und dass alle Mitarbeiter freundlich und kompetent sind. Um dies zu erreichen, müssen Sie sicherstellen, dass alle Mitarbeiter geschult sind und die richtigen Tools und Ressourcen haben, um ihre Arbeit effektiv zu erledigen.

Um die Kundenzufriedenheit zu erhöhen, müssen Sie auch Feedback von Ihren Kunden einholen und auf ihre Bedürfnisse und Anliegen eingehen. Dies kann durch Umfragen, soziale Medien oder persönliche Gespräche erfolgen. Indem Sie auf das Feedback Ihrer Kunden hören und Änderungen vornehmen, können Sie sicherstellen, dass Sie ihre Erwartungen erfüllen und ihre Loyalität gewinnen.

Insgesamt ist das Kundenmanagement und die Kundenzufriedenheit ein entscheidender Faktor für den Erfolg Ihres Unternehmens. Indem Sie sich auf die Bedürfnisse Ihrer Kunden konzentrieren und eine positive Beziehung zu ihnen aufbauen, können Sie ihr Vertrauen gewinnen und ihre Loyalität gewinnen.

1. Kundenkommunikation:

Effektive und klare Kommunikation mit Kunden ist essenziell, um Vertrauen aufzubauen und Missverständnisse zu vermeiden.

Beispiel: Thomas, Inhaber eines Restaurants, legt großen Wert auf offene und freundliche Kommunikation mit seinen Gästen.
Umsetzung: Er schult sein Personal, reagiert auf Online-Bewertungen und nutzt soziale Medien, um mit den Kunden in Kontakt zu treten und ihre Fragen zu beantworten.

Kundenservice:
Neben der Kommunikation ist ein guter Kundenservice ein wichtiger Faktor für den Erfolg eines Unternehmens. Kunden möchten sich gut aufgehoben fühlen und bei Problemen schnell und kompetent Hilfe erhalten. Hier nochmal kurz an einem Fortgeschrittenen Unternehmen zu betrachten

Beispiel: Mohammed, der Geschäftsführer eines E-Commerce-Unternehmens, legt großen Wert auf einen exzellenten Kundenservice.
Umsetzung: Er stellt ein engagiertes Team ein, das gerne auf die Bedürfnisse der Kunden eingeht und Lösungswege anbietet. Zusätzlich bietet er eine 24/7-Hotline an und reagiert schnell auf E-Mails und Nachrichten auf den Social-Media-Kanälen.

2. Kundenbindung:

Strategien zur Kundenbindung, wie Treueprogramme und personalisierte Angebote, tragen dazu bei, langfristige Beziehungen zu Kunden aufzubauen.

Beispiel: Thomas führt ein Treueprogramm ein, bei dem Gäste Punkte sammeln und Prämien erhalten können.
Umsetzung: Er bietet Rabatte, exklusive Events und personalisierte Angebote, um Stammkunden zu belohnen und ihre Loyalität zu fördern.

Durch die Einführung von Treueprogrammen und personalisierten Angeboten können Unternehmen langfristige Beziehungen zu ihren Kunden aufbauen und somit deren Loyalität steigern. Diese Strategien sind besonders effektiv, da sie nicht nur auf kurzfristige Verkaufszahlen abzielen, sondern darauf abzielen, Kunden langfristig an das Unternehmen zu binden.

Ein Beispiel hierfür ist das Treueprogramm von Thomas, bei dem Kunden Punkte sammeln und Prämien erhalten können. Thomas belohnt seine Stammkunden nicht nur mit Rabatten, sondern auch mit exklusiven Events und personalisierten Angeboten. Durch diese Maßnahmen fühlen sich die Kunden besonders wertgeschätzt und werden somit dazu animiert, weiterhin bei Thomas essen zu gehen.

Kundenbindung ist ein wichtiger Aspekt für Unternehmen, da es in der Regel teurer ist, neue Kunden zu gewinnen als bestehende Kunden zu halten. Durch die Umsetzung von Kundenbindungsstrategien können Unternehmen somit nicht nur ihre Kunden langfristig binden, sondern auch ihre Umsätze steigern.

3. Beschwerdemanagement:

Ein professionelles Beschwerdemanagement hilft, Kundenprobleme effizient zu lösen und die Kundenzufriedenheit zu erhalten.

Beispiel: Bei Beschwerden oder negativen Erfahrungen reagiert Thomas umgehend und lösungsorientiert.
Umsetzung: Er entschuldigt sich, bietet Kompensationen an und nutzt das Feedback, um interne Prozesse und das Angebot zu verbessern.

Ein gutes Beschwerdemanagement ist für jedes Unternehmen von großer Bedeutung, da es dazu beiträgt, Kundenbindung zu schaffen und das Vertrauen in das Unternehmen zu stärken. Ein professioneller Umgang mit Beschwerden führt nicht nur zur Lösung des Problems, sondern auch dazu, dass der Kunde sich ernst genommen fühlt und das Unternehmen als zuverlässigen Partner wahrnimmt.

In dem genannten Beispiel reagiert Thomas schnell und lösungsorientiert auf Beschwerden oder negative Erfahrungen von Kunden. Indem er sich entschuldigt und Kompensationen anbietet, zeigt er, dass er die Anliegen der Kunden ernst nimmt und bereit ist, diese zufriedenstellend zu lösen. Gleichzeitig nutzt er das Feedback, um interne Prozesse und das Angebot zu verbessern. Dies trägt dazu bei, dass ähnliche Vorfälle in Zukunft vermieden werden und die Kundenzufriedenheit gesteigert wird.

4. Kundenfeedback:

Das Sammeln und Auswerten von Kundenfeedback ist wichtig, um die Bedürfnisse der Kunden zu verstehen und das Produkt- oder Dienstleistungsangebot zu verbessern.

Beispiel: Thomas bittet Gäste um ihre Meinung und sammelt aktiv Bewertungen und Feedback.
Umsetzung: Er führt Umfragen durch, analysiert Online-Bewertungen und führt Gespräche mit Gästen, um ihre Bedürfnisse und Wünsche besser zu verstehen.

Durch das Sammeln von Kundenfeedback können Unternehmen auch Trends und Veränderungen im Markt erkennen und darauf reagieren. Es ist wichtig, dass das Feedback ernst genommen und entsprechende Maßnahmen ergriffen werden, um die Zufriedenheit der Kunden zu erhöhen. Dabei ist es auch wichtig, transparent zu kommunizieren, welche Schritte unternommen werden, um auf das Feedback der Kunden einzugehen. Auf diese Weise können Unternehmen das Vertrauen und die Loyalität ihrer Kunden stärken und letztendlich ihren Erfolg steigern.

5. Kundenservice:

Ein hervorragender Kundenservice, der schnell und kompetent auf Anfragen und Probleme reagiert, trägt maßgeblich zur Kundenzufriedenheit bei.

Beispiel: Der Kundenservice in Thomas' Restaurant ist darauf ausgerichtet, alle Gäste zufriedenzustellen.
Umsetzung: Das Personal ist gut geschult, freundlich und hilfsbereit, und es gibt klare Richtlinien für die Beantwortung von Anfragen und die Lösung von Problemen.

Ein weiterer wichtiger Aspekt des Kundenservices ist die Erreichbarkeit. Thomas' Restaurant bietet verschiedene Möglichkeiten, um mit dem Kundenservice in Kontakt zu treten, wie zum Beispiel per Telefon, E-Mail oder über die sozialen Medien. Zudem werden Anfragen schnell bearbeitet, um den Gästen ein angenehmes und reibungsloses Erlebnis zu bieten. Ein hervorragender Kundenservice ist also ein unverzichtbarer Bestandteil eines erfolgreichen Restaurants und trägt dazu bei, die Gäste langfristig zu binden und positive Bewertungen zu generieren.

6. Personalisierung:

Die Personalisierung von Angeboten und Kommunikation kann dazu beitragen, die Kundenbeziehung zu vertiefen und die Kundenloyalität zu steigern.

Beispiel: Thomas bietet personalisierte Menüoptionen und berücksichtigt individuelle Vorlieben und Diätanforderungen. **Umsetzung:** Er nutzt CRM-Systeme, um Kundenpräferenzen zu speichern und setzt diese Informationen ein, um personalisierte Angebote zu erstellen.

Durch die Personalisierung von Angeboten und Kommunikation können Kunden das Gefühl haben, dass ihre Bedürfnisse und Wünsche gehört und berücksichtigt werden. Dies kann nicht nur dazu beitragen, die Kundenbeziehung zu vertiefen, sondern auch die Kundenloyalität zu steigern. Ein gutes Beispiel dafür ist Thomas, der personalisierte Menüoptionen anbietet und individuelle Vorlieben sowie Diätanforderungen berücksichtigt. Durch den Einsatz von CRM-Systemen kann er Kundenpräferenzen speichern und diese Informationen nutzen, um personalisierte Angebote zu erstellen. Dies kann einen großen Unterschied machen, wenn es darum geht, sich von der Konkurrenz abzuheben und Kunden langfristig zu binden.

7. Kundenbeziehungsmanagement (CRM-Systeme):

Der Einsatz von CRM-Systemen ermöglicht eine effiziente Verwaltung von Kundenbeziehungen und die Analyse von Kundendaten.

Beispiel: Thomas implementiert ein CRM-System, um Kundeninformationen zu verwalten und die Kommunikation zu optimieren.
Umsetzung: Er nutzt das System, um Reservierungen zu verwalten, Kundendaten zu analysieren und Marketingkampagnen zu planen.

Dank der Verwendung von CRM-Systemen kann Thomas nun alle wichtigen Informationen über seine Kunden an einem Ort speichern und verwalten. Dadurch ist es ihm möglich, schnell und einfach auf Kundenanfragen zu antworten und personalisierte Angebote zu erstellen. Zudem kann er mithilfe der Analysefunktion des Systems das Kaufverhalten seiner Kunden besser verstehen und somit gezieltere Marketingstrategien entwickeln. Durch die effizientere Verwaltung seiner Kundenbeziehungen kann Thomas seine Geschäftsprozesse optimieren und langfristige Kundenbindungen aufbauen.

8. Public Relations 2 (PR):

PR umfasst Strategien und Taktiken zur Förderung eines positiven Unternehmensimages und zur Pflege von Beziehungen zu Medien, Influencern und der Öffentlichkeit.

Beispiel: Thomas achtet streng auf den Datenschutz und informiert Kunden transparent über die Verwendung ihrer Daten. **Umsetzung:** Er implementiert Datenschutzrichtlinien, schult das Personal und stellt sicher, dass alle gesetzlichen Anforderungen erfüllt sind.

Durch PR-Maßnahmen kann das Vertrauen in das Unternehmen gestärkt und das Image verbessert werden. Eine positive Wahrnehmung kann sich langfristig auf den Erfolg des Unternehmens auswirken. Um erfolgreich zu sein, sollten PR-Strategien auf die Zielgruppe abgestimmt sein und eine klare Botschaft vermitteln. Es ist wichtig, dass das Unternehmen authentisch und transparent auftritt, um Vertrauen zu gewinnen. Durch die Pflege von Beziehungen zu relevanten Medien und Influencern können PR-Experten dafür sorgen, dass das Unternehmen in der Öffentlichkeit positiv wahrgenommen wird.

9. Qualitätskontrolle:

Regelmäßige Qualitätskontrollen von Produkten und Dienstleistungen sind notwendig, um die Erwartungen der Kunden zu erfüllen und zu übertreffen.

Beispiel: Thomas führt regelmäßige Qualitätskontrollen der Speisen und des Services durch.
Umsetzung: Er überprüft die Zutaten, überwacht die Zubereitung und sammelt Feedback zur Servicequalität, um ein hohes Niveau zu gewährleisten.

Eine gründliche Qualitätskontrolle ist unerlässlich, um sicherzustellen, dass Produkte und Dienstleistungen den höchsten Standards entsprechen. Kunden erwarten zu Recht, dass sie einwandfreie Produkte und einen erstklassigen Service erhalten. Eine regelmäßige Überprüfung der Qualität kann dazu beitragen, Probleme frühzeitig zu erkennen und zu beheben, bevor sie sich auf die Kundenzufriedenheit auswirken. Thomas hat erkannt, dass eine sorgfältige Qualitätskontrolle der Schlüssel zum Erfolg seines Restaurants ist. Durch die Überwachung der Speisen und des Services stellt er sicher, dass seine Kunden immer eine erstklassige Erfahrung machen.

10. After-Sales-Service:

Ein guter After-Sales-Service, der Unterstützung nach dem Kauf bietet, kann die Kundenzufriedenheit erhöhen und zu Wiederholungskäufen führen.

Beispiel: Nach dem Restaurantbesuch bietet Thomas eine Möglichkeit an, um Kunden weiterhin auf dem Laufenden zu halten und zu informieren.
Umsetzung: Er sendet Dankes-E-Mails, informiert über kommende Events und bleibt über soziale Medien in Kontakt, um die Beziehung zu den Kunden zu pflegen.

Ein guter After-Sales-Service ist in vielen Branchen von großer Bedeutung. Denn Kunden erwarten nicht nur eine gute Beratung beim Kauf, sondern auch Unterstützung und Service danach.
Durch einen guten After-Sales-Service können Kundenfragen schnell beantwortet werden und Probleme gelöst werden. Das trägt zu einer höheren Kundenzufriedenheit bei und kann dazu führen, dass Kunden wiederholt bei einem Unternehmen kaufen.
Ein Beispiel dafür ist Thomas, der als Restaurantbesitzer auch nach dem Besuch seiner Gäste um eine gute Beziehung zu seinen Kunden bemüht ist. Er sendet Dankes-E-Mails, informiert über kommende Events und bleibt über soziale Medien in Kontakt, um die Beziehung zu den Kunden zu pflegen. Dadurch schafft er ein positives Kunden-Erlebnis und fördert die Kundenbindung.

Durch effektives Kundenmanagement und den Fokus auf Kundenzufriedenheit kann Thomas eine loyale Kundenbasis aufbauen und den Erfolg seines Restaurants sichern. Im nächsten Kapitel werden wir uns mit den finanziellen Aspekten und der Rentabilität eines Unternehmens befassen.

Thomas hat erkannt, dass eine zufriedene Kundschaft das A und O für den Erfolg seines Restaurants ist. Ein effektives Kundenmanagement hilft ihm dabei, die Bedürfnisse seiner Gäste zu verstehen und darauf einzugehen. Durch regelmäßige Befragungen und Feedbackrunden kann er Verbesserungspotenzial erkennen und gezielt darauf reagieren.

Doch nicht nur die Zufriedenheit seiner Kunden ist wichtig, auch die finanzielle Seite seines Unternehmens muss im Blick behalten werden. Hierbei geht es nicht nur um die Einnahmen, sondern auch um die Ausgaben und Investitionen, die getätigt werden müssen, um das Restaurant am Laufen zu halten und zu verbessern.

Eine genaue Analyse der Finanzen ist daher unerlässlich, um die Rentabilität des Unternehmens sicherzustellen. Hierbei können verschiedene Kennzahlen wie beispielsweise der Umsatz pro Tisch oder pro Mitarbeiter helfen, Schwachstellen aufzudecken und gezielt zu optimieren.

Insgesamt ist also ein ganzheitlicher Blick auf das Restaurantgeschäft erforderlich, um langfristig erfolgreich zu sein. Neben einem effektiven Kundenmanagement gehört dazu auch eine genaue Finanzplanung und -analyse.

Kapitel 6: Finanzielle Aspekte und Rentabilität

Die finanzielle Gesundheit und Rentabilität sind entscheidend für die Lebensfähigkeit und das Wachstum eines Unternehmens. In diesem Kapitel werden wir uns mit den Schlüsselkomponenten der finanziellen Planung und Analyse befassen.

Zunächst einmal sollten Unternehmen eine solide Finanzstrategie entwickeln, die ihre kurz- und langfristigen Ziele berücksichtigt. Dazu gehört die Erstellung eines Budgets, das die Einnahmen und Ausgaben des Unternehmens aufschlüsselt und sicherstellt, dass das Unternehmen innerhalb seiner finanziellen Möglichkeiten arbeitet.

Ein weiterer wichtiger Aspekt ist die Überwachung der Liquidität des Unternehmens. Unternehmen sollten sicherstellen, dass sie genügend Bargeldreserven haben, um ihre laufenden Ausgaben zu decken und unvorhergesehene Ereignisse zu bewältigen.

Die Rentabilität des Unternehmens kann durch eine Vielzahl von Maßnahmen verbessert werden, wie zum Beispiel die Senkung von Kosten, die Erhöhung von Einnahmen und die Optimierung von Geschäftsprozessen. Es ist auch wichtig, die Rentabilität im Vergleich zu anderen Unternehmen in der Branche zu bewerten, um sicherzustellen, dass das Unternehmen wettbewerbsfähig bleibt.

Insgesamt ist es wichtig, dass Unternehmen ihre finanzielle Gesundheit im Auge behalten und regelmäßig ihre Finanzen analysieren, um sicherzustellen, dass sie auf Kurs bleiben und langfristig erfolgreich sein können.

1. Budgetierung:

Die Erstellung und Überwachung eines Budgets sind grundlegend für die finanzielle Kontrolle und die Vermeidung von Liquiditätsengpässen.

Beispiel: Martina, Inhaberin eines kleinen Online-Shops, erstellt monatliche und jährliche Budgets, um ihre Finanzen zu überwachen.
Umsetzung: Sie kategorisiert ihre Einnahmen und Ausgaben, überwacht regelmäßig die Budgeteinhaltung und passt bei Bedarf ihre Finanzplanung an.

Sparmaßnahmen:
Um finanzielle Stabilität zu gewährleisten, ist es wichtig, auch Sparmaßnahmen zu ergreifen. Dies kann bedeuten, unnötige Ausgaben zu reduzieren oder alternative, kostengünstigere Lösungen zu finden.
Beispiel: Martina beschließt, ihre Ausgaben für Werbung zu reduzieren und stattdessen auf Social-Media-Marketing zu setzen, das kostengünstiger ist. Sie prüft auch regelmäßig ihre Lieferanten und vergleicht Angebote, um sicherzustellen, dass sie immer die besten Preise bekommt.

Liquiditätsplanung:
Eine gute Liquiditätsplanung sorgt dafür, dass ein Unternehmen in der Lage ist, seine Rechnungen und Verpflichtungen zu erfüllen, auch wenn es kurzfristig zu Schwankungen in Einnahmen und Ausgaben kommt.
Beispiel: Martina erstellt eine Liquiditätsplanung und berücksichtigt dabei auch unvorhergesehene Ausgaben wie Reparaturen oder Krankheitstage. Sie sorgt dafür, dass sie genügend finanzielle Reserven hat, um unerwartete Ereignisse zu bewältigen.

2. Kostensenkung:

Die Identifizierung und Umsetzung von Kostensenkungsmaßnahmen können die Rentabilität steigern und finanzielle Ressourcen freisetzen.

Beispiel: Martina identifiziert Möglichkeiten zur Senkung der Betriebskosten, ohne die Qualität ihres Angebots zu beeinträchtigen.
Umsetzung: Sie verhandelt mit Lieferanten, optimiert Logistikprozesse und reduziert unnötige Ausgaben, um die Rentabilität zu steigern.

Kostensenkung ist ein wichtiger Aspekt für jedes Unternehmen, um die Rentabilität zu steigern und finanzielle Ressourcen freizusetzen. Eine Möglichkeit, dies zu erreichen, ist die Identifizierung von Kostensenkungsmaßnahmen. Martina hat beispielsweise Möglichkeiten zur Senkung der Betriebskosten identifiziert, ohne die Qualität ihres Angebots zu beeinträchtigen. Sie hat erfolgreich mit Lieferanten verhandelt, Logistikprozesse optimiert und unnötige Ausgaben reduziert, um die Rentabilität ihres Unternehmens zu steigern. Es ist wichtig, regelmäßig nach Möglichkeiten zur Kostensenkung zu suchen, um eine nachhaltige Rentabilität zu gewährleisten.

3. Preisgestaltung:

Eine effektive Preisgestaltung, die Kosten, Wettbewerb und Kundenwahrnehmung berücksichtigt, ist entscheidend für den Unternehmenserfolg.

Beispiel: Bei der Festlegung der Preise für ihre Produkte berücksichtigt Martina Kosten, Wettbewerbspreise und die Zahlungsbereitschaft der Kunden.
Umsetzung: Sie führt Marktanalysen durch, testet verschiedene Preisstrategien und bietet gezielte Rabatte und Aktionen an.

Eine sorgfältige Preisgestaltung ist ein wichtiger Faktor für den Erfolg eines Unternehmens. Dabei müssen verschiedene Faktoren berücksichtigt werden, wie beispielsweise die Kosten für die Produktion, die Preise der Konkurrenz und die Zahlungsbereitschaft der Kunden. Unternehmen sollten daher regelmäßig Marktanalysen durchführen und verschiedene Preisstrategien testen, um herauszufinden, welche Strategie am besten funktioniert. Hierbei können auch gezielte Rabatte und Aktionen helfen, um Kunden zu gewinnen und langfristig zu binden. Martina hat beispielsweise eine erfolgreiche Preisstrategie entwickelt, indem sie diese Faktoren berücksichtigt und ihre Preise entsprechend angepasst hat.

4. Finanzierung:

Die Auswahl der passenden Finanzierungsquellen und - strukturen ist wichtig für die Kapitalbeschaffung und die finanzielle Stabilität.

Beispiel: Martina prüft verschiedene Finanzierungsoptionen, um das Wachstum ihres Online-Shops zu unterstützen.
Umsetzung: Sie vergleicht Kreditkonditionen, erwägt Eigen- und Fremdfinanzierung und sucht nach Fördermitteln und Investoren.

Dabei muss Martina auch berücksichtigen, welche Finanzierungsoptionen am besten zu ihrem Unternehmen und ihren Zielen passen. Eine Eigenfinanzierung kann beispielsweise die Unabhängigkeit des Unternehmens stärken, während eine Fremdfinanzierung mit niedrigeren Zinsen die finanzielle Belastung reduzieren kann. Fördermittel und Investoren können wiederum zusätzliches Kapital und Know-how bereitstellen. Wichtig ist es, die verschiedenen Optionen sorgfältig zu prüfen und die Vor- und Nachteile abzuwägen, um eine fundierte Entscheidung zu treffen.

5. Investitionsplanung:

Die sorgfältige Planung und Bewertung von Investitionen sind notwendig, um das Unternehmenswachstum zu fördern und Risiken zu minimieren.

Beispiel: Martina plant Investitionen in neue Technologien und Marketing, um ihren Online-Shop zu erweitern (als kleines Zusatzbeispiel wäre es bei einem Online-Shop eine Ordentliche Investition in einen SEO Spezialisten zu investieren der die Sichtbarkeit des Shops drastisch steigert).
Umsetzung: Sie bewertet den erwarteten ROI (Return on Investment), prüft die Finanzierbarkeit und setzt Prioritäten für zukünftige Investitionen.

Eine detaillierte Investitionsplanung hilft dabei, die Auswirkungen auf die Liquidität und die Finanzen des Unternehmens zu berücksichtigen. Es ist wichtig, die richtigen Investitionsentscheidungen zu treffen, um das Unternehmen auf lange Sicht erfolgreich zu machen. Eine gute Investitionsplanung beinhaltet auch die Überwachung und Analyse der Investitionen, um sicherzustellen, dass sie die gewünschten Ergebnisse erzielen. Martina kann durch eine sorgfältige Investitionsplanung sicherstellen, dass ihr Online-Shop wächst und erfolgreich wird.

6. Cashflow-Management:

Das Management des Cashflows ist essenziell, um Zahlungsfähigkeit zu gewährleisten und finanzielle Flexibilität zu erhalten.

Beispiel: Martina überwacht den Cashflow genau, um sicherzustellen, dass sie ihre finanziellen Verpflichtungen jederzeit erfüllen kann.
Umsetzung: Sie plant Zahlungseingänge und -ausgänge, behält Liquiditätsreserven vor und reagiert flexibel auf unerwartete finanzielle Herausforderungen.

Ein effektives Cashflow-Management ist ein wichtiger Bestandteil jeder erfolgreichen Geschäftstätigkeit. Es ermöglicht Unternehmen, ihre finanziellen Verpflichtungen stets zu erfüllen und sich auf unvorhergesehene Ereignisse vorzubereiten. Eine sorgfältige Planung des Cashflows ist daher unbedingt erforderlich. Hierbei sollten regelmäßige Überprüfungen der Zahlungseingänge und -ausgänge durchgeführt und Liquiditätsreserven vorgehalten werden. Auch eine flexible Reaktion auf unerwartete finanzielle Herausforderungen ist von großer Bedeutung. Ein gut durchdachtes Cashflow-Management kann somit dazu beitragen, die finanzielle Stabilität eines Unternehmens langfristig zu gewährleisten.

7. Bilanzanalyse:

Die Analyse der Bilanz gibt Aufschluss über die finanzielle Situation des Unternehmens und hilft bei der Identifizierung von Verbesserungspotenzialen.

Beispiel: Martina analysiert regelmäßig ihre Bilanz, um die finanzielle Gesundheit ihres Unternehmens zu beurteilen. **Umsetzung:** Sie betrachtet Vermögenswerte, Verbindlichkeiten und Eigenkapital und identifiziert Bereiche, in denen Optimierungen möglich sind.

Dazu gehört beispielsweise eine Erhöhung des Eigenkapitals, um die finanzielle Stabilität zu verbessern oder die Reduzierung von Verbindlichkeiten, um die Zahlungsfähigkeit zu erhöhen. Die Bilanzanalyse ist ein wichtiger Bestandteil des Finanzmanagements und sollte regelmäßig durchgeführt werden, um eine langfristige finanzielle Planung zu ermöglichen. Auch bei der Suche nach Investoren oder Kreditgebern kann eine aussagekräftige Bilanzanalyse helfen, das Vertrauen in das Unternehmen zu stärken und die Chancen auf eine erfolgreiche Finanzierung zu erhöhen. Insgesamt ist die Bilanzanalyse ein unverzichtbares Instrument für jedes Unternehmen, um die finanzielle Situation im Blick zu behalten und auf Veränderungen schnell reagieren zu können.

8. Rentabilitätsanalyse:

Die Bewertung der Rentabilität durch Kennzahlen wie ROI und EBIT (Earnings before interest and taxes) ermöglicht die Beurteilung der Wirtschaftlichkeit des Unternehmens.

Beispiel: Martina verwendet Kennzahlen wie den ROI und das EBIT, um die Rentabilität ihres Online-Shops zu bewerten.
Umsetzung: Sie analysiert die Ergebnisse, vergleicht sie mit Branchenstandards und entwickelt Strategien zur Steigerung der Rentabilität.

Eine Rentabilitätsanalyse ist ein wichtiger Bestandteil der Unternehmensbewertung. Durch die Untersuchung der Rentabilität eines Unternehmens können die finanzielle Stärke und das Potenzial zur Gewinnerzielung beurteilt werden. Dabei können Kennzahlen wie der Return on Investment (ROI) und das Earnings Before Interest and Taxes (EBIT) verwendet werden.

Ein Beispiel für die Anwendung der Rentabilitätsanalyse wäre Martina, die Besitzerin eines Online-Shops. Sie nutzt Kennzahlen wie den ROI und das EBIT, um die Rentabilität ihres Unternehmens zu bewerten. Dazu analysiert sie die Ergebnisse, vergleicht sie mit Branchenstandards und entwickelt Strategien zur Steigerung der Rentabilität.

Durch eine regelmäßige Rentabilitätsanalyse kann ein Unternehmen seine Stärken und Schwächen besser erkennen und gezielt Maßnahmen ergreifen, um seine Rentabilität zu steigern.

9. Risikomanagement:

Das finanzielle Risikomanagement beinhaltet die Identifizierung, Bewertung und Absicherung von finanziellen Risiken.

Beispiel: Martina identifiziert finanzielle Risiken wie Währungsschwankungen und Zahlungsausfälle und entwickelt Strategien zur Absicherung.
Umsetzung: Sie verwendet Finanzinstrumente, Diversifikation und Versicherungen, um finanzielle Risiken zu minimieren.

Finanzielle Risiken können große Auswirkungen auf Unternehmen haben und sogar die Existenz bedrohen. Aus diesem Grund ist ein effektives Risikomanagement unerlässlich, um finanzielle Stabilität zu gewährleisten. Eine gründliche Identifizierung der Risiken ist der erste Schritt, gefolgt von einer Bewertung der Auswirkungen dieser Risiken auf das Unternehmen. Sobald die Risiken identifiziert und bewertet wurden, können Strategien zur Absicherung entwickelt werden. Diese Strategien können Finanzinstrumente wie Derivate oder Optionen, Diversifikation des Portfolios oder auch Versicherungen beinhalten, um finanzielle Risiken zu minimieren. Durch ein effektives Risikomanagement kann ein Unternehmen nicht nur seine finanzielle Stabilität sichern, sondern auch seine Wettbewerbsfähigkeit und langfristigen Erfolg gewährleisten.

10. Steuerplanung:

Die Kenntnis der steuerlichen Rahmenbedingungen und die optimierte Steuerplanung sind wichtig, um die Steuerlast zu minimieren und die Compliance sicherzustellen.

Beispiel: Martina achtet darauf, alle steuerlichen Anforderungen zu erfüllen und ihre Steuerlast durch optimierte Planung zu minimieren.
Umsetzung: Sie hält sich über Steuergesetze auf dem Laufenden, nutzt steuerliche Vorteile und arbeitet mit einem Steuerberater zusammen.

Eine optimierte Steuerplanung ist ein wichtiger Faktor für den Erfolg jedes Unternehmens. Martina hat erkannt, dass sie durch die Beachtung der steuerlichen Rahmenbedingungen und eine sorgfältige Planung ihrer Steuerlast erheblich reduzieren kann. Um dies zu erreichen, hält sie sich über aktuelle Steuergesetze und -vorteile auf dem Laufenden und arbeitet eng mit ihrem Steuerberater zusammen. Durch diese Maßnahmen kann sie sicherstellen, dass sie ihre steuerlichen Verpflichtungen erfüllt und gleichzeitig ihre Steuerlast minimiert. Eine gute Steuerplanung ist somit ein wichtiger Baustein für den Erfolg eines Unternehmens und sollte nicht vernachlässigt werden.

Durch sorgfältige finanzielle Planung und Management kann Martina die Rentabilität ihres Online-Shops sicherstellen und eine solide Grundlage für zukünftiges Wachstum schaffen. Im nächsten Kapitel werden wir uns mit der Bedeutung von Innovation und Technologie für den Unternehmenserfolg befassen.

Es ist wichtig, dass Martina ihr Geschäft ständig weiterentwickelt und auf dem neuesten Stand hält, um wettbewerbsfähig zu bleiben. Neue Technologien wie künstliche Intelligenz und automatisierte Prozesse können die Effizienz ihres Online-Shops steigern und ihren Kunden ein verbessertes Einkaufserlebnis bieten. Innovationen in Produktdesign und Marketing können auch dazu beitragen, dass sich ihr Unternehmen von der Konkurrenz abhebt und neue Zielgruppen anspricht.

Darüber hinaus sollte Martina immer ein Auge auf die sich ändernden Trends und Bedürfnisse ihrer Kunden haben, um ihr Angebot entsprechend anzupassen. So kann sie sicherstellen, dass sie relevante Produkte und Dienstleistungen anbietet, die den Erwartungen ihrer Kunden entsprechen.

Innovation und Technologie sind somit entscheidende Faktoren für den langfristigen Erfolg von Martinas Online-Shop. Indem sie sich auf diese Bereiche konzentriert und ständig weiterentwickelt, wird sie in der Lage sein, ihre Position auf dem Markt zu festigen und ihr Geschäft langfristig zu sichern.

Kapitel 7: Innovation und Technologie im Unternehmen

In der heutigen Geschäftswelt sind Innovation und Technologie entscheidende Faktoren für Wettbewerbsfähigkeit und Erfolg. Unternehmen, die in der Lage sind, innovative Lösungen zu entwickeln und neue Technologien effektiv einzusetzen, können sich einen Vorteil gegenüber der Konkurrenz verschaffen.

Allerdings ist es wichtig zu beachten, dass Innovation und Technologie nicht nur für große Unternehmen relevant sind. Auch kleine und mittelständische Unternehmen können von der Implementierung neuer Technologien und innovativer Ideen profitieren. Immerhin kann technologischer Fortschritt dazu beitragen, Prozesse effizienter zu gestalten und somit Kosten zu senken. Darüber hinaus können innovative Produkte und Dienstleistungen auch neue Kunden anziehen und bestehende Kundenbindung stärken.

Um Innovation und Technologie im Unternehmen zu fördern, sollten Unternehmen ein Umfeld schaffen, das Kreativität und Experimentierfreude unterstützt. Dazu gehört auch, den Mitarbeitern die Möglichkeit zu geben, neue Ideen einzubringen und umzusetzen. Eine offene Kommunikation und eine Kultur des Austauschs sind dabei von großer Bedeutung. Auch die Zusammenarbeit mit anderen Unternehmen und Forschungseinrichtungen kann dazu beitragen, innovative Lösungen zu entwickeln und neue Technologien zu erschließen.

Insgesamt ist Innovation und Technologie ein wichtiger Faktor für den langfristigen Erfolg eines Unternehmens. Es lohnt sich daher, in diesen Bereich zu investieren und eine Innovationskultur zu etablieren, die immer wieder neue Ideen hervorbringt und umsetzt.

1. Forschung und Entwicklung:

Unternehmen investieren in Forschung und Entwicklung (F&E), um neue Produkte, Dienstleistungen und Technologien zu erschaffen. Dies fördert die Innovationskraft und ermöglicht es, auf Marktveränderungen zu reagieren.

Beispiel: Ein Start-up im Bereich der erneuerbaren Energien investiert in F&E, um innovative Solartechnologien zu entwickeln.
Umsetzung: Das Unternehmen arbeitet mit Forschungsinstituten zusammen, führt Prototypentests durch und sucht nach Fördermitteln für Forschungsprojekte.

Marktforschung:
Marktforschung ist ein wichtiger Bestandteil der Produktentwicklung. Unternehmen analysieren die Bedürfnisse und Wünsche ihrer Zielgruppe, um Produkte zu entwickeln, die auf ihre Bedürfnisse zugeschnitten sind.

Produktionsforschung:
Die Produktion ist ein wichtiger Schritt bei der Produktentwicklung. Unternehmen müssen sicherstellen, dass ihre Produkte in ausreichender Menge und hoher Qualität hergestellt werden können.

Marketingforschung:
Das Marketing ist ein wichtiger Bestandteil der Produktentwicklung. Unternehmen müssen ihre Produkte und Dienstleistungen erfolgreich vermarkten, um Kunden zu gewinnen und Umsätze zu generieren.

2. Digitalisierung:

Die Digitalisierung von Geschäftsprozessen und -modellen ist essentiell, um Effizienz zu steigern, Kosten zu senken und die Kundenerfahrung zu verbessern.

Beispiel: Ein kleines Einzelhandelsgeschäft digitalisiert seine Verkaufs- und Lagerverwaltung.
Umsetzung: Das Geschäft implementiert ein POS-System (Point of Sale), nutzt Online-Tools für das Inventarmanagement und erstellt einen Webshop.

Durch die Digitalisierung kann das Einzelhandelsgeschäft seine Verkaufsprozesse optimieren, indem es die Bestände in Echtzeit überwacht und automatisch Nachbestellungen auslöst. Das POS-System ermöglicht es zudem, Kundenbestellungen und -präferenzen zu speichern und personalisierte Angebote zu generieren. Der Webshop eröffnet dem Geschäft zusätzliche Absatzmöglichkeiten und erhöht die Reichweite. Gleichzeitig können Kunden bequem von zu Hause aus einkaufen und sich die Produkte liefern lassen. Die Digitalisierung bietet somit eine Win-Win-Situation für das Einzelhandelsgeschäft und seine Kunden.

3. Datenanalyse:

Durch die Nutzung von Datenanalyse können Unternehmen wertvolle Einblicke gewinnen, um fundierte Entscheidungen zu treffen, Trends zu identifizieren und die Kundenbindung zu erhöhen.

Beispiel: Ein Start-up im Bereich E-Commerce nutzt Datenanalyse, um das Kaufverhalten der Kunden zu verstehen. **Umsetzung:** Das Unternehmen setzt Analysetools ein, um Website-Traffic, Conversion-Raten und Kundenfeedback zu analysieren und Marketingstrategien anzupassen.

Durch die Analyse dieser Daten kann das Unternehmen feststellen, welche Produkte und Angebote bei den Kunden besonders beliebt sind und welche nicht so gut ankommen. Durch die Erkenntnisse, die aus der Datenanalyse gewonnen werden, können Marketingstrategien angepasst und optimiert werden, um die Kundenerfahrung zu verbessern und somit die Kundenbindung zu erhöhen. Darüber hinaus können Unternehmen durch die Analyse von Daten auch Trends in der Branche identifizieren und sich so besser auf zukünftige Entwicklungen vorbereiten. Letztendlich kann die Nutzung von Datenanalyse dazu beitragen, dass Unternehmen fundierte Entscheidungen treffen und ihre Geschäftsprozesse optimieren können.

4. Künstliche Intelligenz:

Künstliche Intelligenz (KI) bietet vielfältige Anwendungsmöglichkeiten, von der Automatisierung von Prozessen bis zur Verbesserung der Kundeninteraktion und Produktentwicklung.

Beispiel: Ein kleines IT-Unternehmen entwickelt eine KI-gestützte Chatbot-Lösung für den Kundenservice.

Umsetzung: Das Unternehmen programmiert den Chatbot, integriert ihn in die Website und trainiert ihn mit häufig gestellten Fragen und Antworten.

Der Chatbot kann nun durch seine KI-Fähigkeiten eigenständig auf Anfragen von Kunden reagieren und Antworten liefern. Dadurch können Mitarbeiter des Unternehmens entlastet werden und die Kundeninteraktion wird schneller und effektiver. Zudem kann die KI-basierte Lösung kontinuierlich weiterentwickelt und optimiert werden, um noch bessere Ergebnisse zu erzielen. Allerdings ist es wichtig, dass bei der Entwicklung und Implementierung von KI-Lösungen auch ethische Aspekte berücksichtigt werden, um mögliche negative Auswirkungen zu vermeiden.

5. Cybersecurity:

Angesichts der zunehmenden Cyberbedrohungen ist der Schutz von Unternehmensdaten und -systemen durch robuste Cybersecurity-Maßnahmen von größter Bedeutung.

Beispiel: Ein Start-up im Finanzbereich implementiert strenge Cybersecurity-Maßnahmen, um Kundendaten zu schützen. **Umsetzung:** Das Start-up verwendet Firewalls, verschlüsselt Datenübertragungen und schult Mitarbeiter im Umgang mit sensiblen Informationen.

Doch nicht nur Start-ups, sondern auch etablierte Unternehmen sollten sich verstärkt mit dem Thema Cybersecurity auseinandersetzen. Denn Cyberangriffe können nicht nur finanzielle Schäden verursachen, sondern auch das Vertrauen der Kunden in das Unternehmen erschüttern. Deshalb ist es wichtig, dass Unternehmen regelmäßig ihre IT-Systeme überprüfen und Schwachstellen identifizieren. Zudem sollten sie ihre Mitarbeiter sensibilisieren und schulen, um Sicherheitsrisiken zu minimieren. Nur so können sie sicherstellen, dass Kundendaten und Unternehmensgeheimnisse vor Hackern und Cyberkriminellen geschützt bleiben.

6. Cloud-Computing:

Cloud-Computing ermöglicht den Zugriff auf IT-Ressourcen und -Services über das Internet, was Flexibilität, Skalierbarkeit und Kosteneffizienz bietet.

Beispiel: Ein kleines Designbüro nutzt Cloud-Computing für die Speicherung und Zusammenarbeit an Projekten.
Umsetzung: Das Büro abonniert Cloud-Services, richtet Zugriffsrechte ein und nutzt Online-Plattformen für die Projektverwaltung.

Cloud-Computing ist eine moderne Technologie, die es Unternehmen ermöglicht, ihre IT-Ressourcen und -Services über das Internet zu nutzen. Dies bietet ihnen viele Vorteile wie Flexibilität, Skalierbarkeit und Kosteneffizienz. Die Nutzung von Cloud-Computing kann für kleine Unternehmen besonders vorteilhaft sein, da es ihnen ermöglicht, ihre Arbeitsprozesse zu optimieren und ihre Informationen sicher und kosteneffektiv zu speichern. In dem Beispiel ist es ein kleines Designbüro, das Cloud-Computing nutzt, um seine Projekte zu speichern und zusammenzuarbeiten. Das Büro kann durch die Nutzung von Cloud-Services Zugriffsrechte einrichten und Online-Plattformen für die Projektverwaltung nutzen. Das Ergebnis ist eine effiziente und produktive Arbeitsumgebung, die es dem Büro ermöglicht, Projekte schnell und kosteneffektiv umzusetzen.

7. E-Commerce:

Der Online-Handel bietet Unternehmen die Möglichkeit, ein breites Publikum zu erreichen, den Umsatz zu steigern und die Marktposition zu stärken.

Beispiel: Ein kleiner Handwerksbetrieb erweitert sein Geschäft durch den Verkauf von Produkten über einen Online-Shop. **Umsetzung:** Der Betrieb erstellt einen benutzerfreundlichen Webshop, listet Produkte mit Beschreibungen und Bildern auf und implementiert sichere Zahlungsoptionen.

Zusätzlich kann der Online-Handel auch eine Möglichkeit für Unternehmen sein, neue Kunden zu gewinnen und ihre Marke bekannter zu machen. Durch die Nutzung von Social-Media-Plattformen und Online-Marketing-Kampagnen können Unternehmen ihre Produkte und Dienstleistungen einem breiteren Publikum präsentieren und so potenzielle Kunden auf sich aufmerksam machen.

Allerdings ist der E-Commerce auch mit Herausforderungen verbunden, wie zum Beispiel der Konkurrenz durch etablierte Online-Shops oder die Notwendigkeit, ständig auf dem neuesten Stand der Technologie und Trends zu bleiben. Unternehmen müssen sich daher gut auf den Online-Handel vorbereiten und Zeit und Ressourcen investieren, um erfolgreich zu sein.

8. Mobile Technologien:

Mobile Technologien ermöglichen es Unternehmen, mit Kunden in Kontakt zu treten, Mitarbeiter zu vernetzen und Geschäftsprozesse zu optimieren, unabhängig vom Standort.

Beispiel: Ein Start-up im Bereich Lebensmittellieferung entwickelt eine mobile App für Bestellungen.
Umsetzung: Das Start-up programmiert die App, integriert GPS-Tracking für Lieferungen und bietet mobile Zahlungsmöglichkeiten an.

So können Kunden von überall aus ihre Lieblingsgerichte bestellen und verfolgen, wann die Lieferung ankommt. Die Mitarbeiter des Start-ups können mithilfe der App ihre Arbeit effizienter gestalten, indem sie Bestellungen direkt in Echtzeit empfangen und bearbeiten können. Zudem ermöglicht die App dem Unternehmen, Daten zu sammeln und zu analysieren, um die Bedürfnisse der Kunden besser zu verstehen und das Angebot zu verbessern. Mobile Technologien bieten somit eine große Chance für Unternehmen, um erfolgreich am Markt zu agieren und die Bedürfnisse der Kunden zu erfüllen.

9. Soziale Medien:

Soziale Medien sind ein mächtiges Werkzeug für Marketing, Kommunikation und Kundenbindung, indem sie den direkten Dialog mit der Zielgruppe ermöglichen.

Beispiel: Ein kleines Café nutzt soziale Medien, um mit Kunden zu interagieren und Angebote zu bewerben.
Umsetzung: Das Café erstellt Profile auf verschiedenen Plattformen, postet regelmäßig Inhalte und reagiert auf Kommentare und Nachrichten.

Durch diese direkte Interaktion erhält das Café Feedback von seinen Kunden und kann auf deren Wünsche und Bedürfnisse eingehen. Außerdem kann es durch gezielte Werbung auf sozialen Medien seine Reichweite erhöhen und somit neue Kunden gewinnen. Doch auch hier ist es wichtig, eine klare Strategie zu haben und die Zielgruppe genau zu kennen, um erfolgreich zu sein. Soziale Medien bieten somit eine große Chance für Unternehmen, die sich aktiv in den Dialog mit ihren Kunden einbringen möchten.

10. Nachhaltige Technologien:

Die Integration von nachhaltigen Technologien kann dazu beitragen, den ökologischen Fußabdruck zu reduzieren und ein positives Unternehmensimage zu fördern.

Beispiel: Ein Start-up im Bereich Mode integriert nachhaltige Technologien in die Produktion von Kleidung.
Umsetzung: Das Unternehmen verwendet umweltfreundliche Materialien, optimiert den Energieverbrauch und kommuniziert sein Engagement für Nachhaltigkeit.

Die Nutzung von nachhaltigen Technologien kann auch dazu beitragen, Kosten zu sparen und die Effizienz des Unternehmens zu steigern. So können beispielsweise intelligente Steuerungssysteme für die Beleuchtung oder Heizung eingesetzt werden, um den Energieverbrauch zu minimieren. Auch die Verwendung von erneuerbaren Energien wie Solar- oder Windenergie kann dazu beitragen, die Umweltbelastung zu reduzieren und langfristig Kosten zu sparen. Unternehmen sollten daher verstärkt auf die Integration nachhaltiger Technologien achten und ihre Wirtschaftlichkeit sowie ihre Umweltfreundlichkeit in Einklang bringen.

Durch die Integration von Innovation und Technologie können auch kleine Unternehmen und Start-ups ihre Wettbewerbsfähigkeit steigern und erfolgreich am Markt agieren. Diese Integration ermöglicht es ihnen, effizienter zu arbeiten, Kosten zu senken und ihre Angebote besser auf die Bedürfnisse der Kunden zuzuschneiden. Zudem eröffnen sich durch den Einsatz neuer Technologien neue Geschäftsfelder und Möglichkeiten zur Differenzierung vom Wettbewerb. In einer zunehmend digitalisierten Welt können innovative Lösungen und Technologien somit als Katalysator für Wachstum und Erfolg dienen, wodurch auch kleinere Akteure in der Lage sind, sich gegenüber größeren Konkurrenten zu behaupten und nachhaltige Geschäftsmodelle zu entwickeln.

Ein wichtiger Aspekt bei der Integration von Innovation und Technologie ist jedoch die richtige Umsetzung und Anwendung. Hierbei sollten Unternehmen darauf achten, dass sie die Bedürfnisse und Anforderungen der Kunden im Fokus behalten und die Technologie dementsprechend einsetzen.

Ein weiterer wichtiger Faktor ist die Sicherheit und Datenschutz. Unternehmen sollten sicherstellen, dass sie die neuesten Sicherheitsstandards einhalten und die Daten ihrer Kunden schützen. Dies kann nicht nur das Vertrauen der Kunden stärken, sondern auch vor möglichen rechtlichen Konsequenzen schützen.

Insgesamt bietet die Integration von Innovation und Technologie für kleine Unternehmen und Start-ups viele Vorteile, die ihnen helfen können, am Markt erfolgreich zu sein. Es ist jedoch wichtig, dass sie diese Integration strategisch planen und umsetzen, um das volle Potenzial ausschöpfen zu können.

Kapitel 8: Marketingstrategien und Markenbildung (Erweiterung zu Kapitel 4)

In der dynamischen Geschäftswelt von heute ist es für Unternehmen essentiell, sich durch effektive Marketingstrategien und starke Markenbildung hervorzuheben. In diesem Kapitel widmen wir uns genau diesen Themen und beleuchten, wie Unternehmen durch gezieltes Marketing und den Aufbau einer unverwechselbaren Marke nachhaltigen Erfolg erzielen können.

In diesem Kapitel werden wir verschiedene Marketingstrategien vorstellen und erörtern, wie diese dazu beitragen können, die Sichtbarkeit eines Unternehmens zu erhöhen, Kunden zu gewinnen und zu binden sowie den Umsatz zu steigern.

Des Weiteren wird die Bedeutung der Markenbildung hervorgehoben, die dazu dient, das Image eines Unternehmens zu prägen, Vertrauen bei den Kunden aufzubauen und sich von der Konkurrenz abzusetzen.

Durch praxisnahe Beispiele und konkrete Umsetzungsvorschläge bietet dieses Kapitel wertvolle Einblicke und Anleitungen für alle, die ihre Marketing- und Branding-Kompetenzen vertiefen möchten.

1. Zielgruppenanalyse:

Die Zielgruppenanalyse ist der erste Schritt im Marketingprozess und legt den Grundstein für alle weiteren Strategien. Sie hilft Unternehmen, ihre Kunden besser zu verstehen, ihre Bedürfnisse und Wünsche zu identifizieren und maßgeschneiderte Produkte und Dienstleistungen zu entwickeln.

Beispiel: Ein Start-up im Bereich Fitness-Apps führt eine detaillierte Analyse der Zielgruppen durch, um die Bedürfnisse und Wünsche potenzieller Nutzer zu verstehen.

Umsetzung: Das Unternehmen führt Umfragen durch, analysiert Marktdaten und erstellt Personas, um maßgeschneiderte Marketingbotschaften zu entwickeln.

Umsetzung der Ergebnisse:
Sobald das Unternehmen die Zielgruppenanalyse abgeschlossen hat, ist es wichtig, die Ergebnisse in die Praxis umzusetzen. Dazu gehört die Entwicklung von Produkten und Dienstleistungen, die auf die Bedürfnisse der Zielgruppen zugeschnitten sind. Außerdem sollten maßgeschneiderte Marketingbotschaften entwickelt werden, um die Zielgruppen auf effektive Weise zu erreichen.

Überprüfung der Ergebnisse:
Nach der Umsetzung der Ergebnisse ist es wichtig, den Erfolg der Strategien zu überprüfen. Dies kann durch die Analyse von Verkaufszahlen, Kundenfeedback und dem Erfolg von Marketingkampagnen erfolgen. Ggf. müssen Strategien angepasst werden, um bessere Ergebnisse zu erzielen.

Beispiel: Das Fitness-App-Start-up überprüft regelmäßig den Erfolg seiner Strategien und passt sie bei Bedarf an, um bessere Ergebnisse zu erzielen.

2. Positionierung:

Die Positionierung eines Unternehmens auf dem Markt ist entscheidend für den Erfolg. Sie definiert, wie die Marke von den Kunden wahrgenommen wird und wie sie sich von der Konkurrenz abhebt.

Beispiel: Ein kleines Bio-Café positioniert sich als nachhaltige und gesundheitsbewusste Alternative in der lokalen Gastronomieszene.
Umsetzung: Das Café betont seine Verwendung von Bio-Produkten, fördert umweltfreundliche Praktiken und kommuniziert seine Werte über verschiedene Marketingkanäle.

Die Positionierung eines Unternehmens kann auf verschiedene Weise erfolgen. Es kann sich beispielsweise um eine Positionierung nach Preis, Qualität oder Zielgruppe handeln.

Eine erfolgreiche Positionierung erfordert eine gründliche Analyse des Marktes und eine klare Definition der eigenen Stärken und Werte. Nur so kann man eine einzigartige Positionierung entwickeln, die den Bedürfnissen der Kunden entspricht und eine klare Abgrenzung von der Konkurrenz bietet.

Es ist wichtig, dass die Positionierung konsequent in allen Bereichen des Unternehmens umgesetzt wird, von der Produktentwicklung bis hin zum Marketing. Eine klare Positionierung kann dazu beitragen, langfristige Kundenbeziehungen aufzubauen und den Erfolg des Unternehmens zu sichern.

3. Branding:

Branding ist mehr als nur ein Logo oder ein Slogan. Es umfasst alle Aspekte, die die Identität eines Unternehmens ausmachen, von der visuellen Präsentation bis hin zu den Werten und der Persönlichkeit der Marke.

Beispiel: Ein junges Modelabel entwickelt ein einzigartiges Branding, um sich auf dem umkämpften Modemarkt zu etablieren.
Umsetzung: Das Label kreiert ein markantes Logo, entwickelt einen einheitlichen visuellen Stil und baut eine Markenpersönlichkeit auf, die mit der Zielgruppe resoniert.

Ein erfolgreiches Branding ist entscheidend für den Erfolg eines Unternehmens. Es schafft Wiedererkennungswert und Vertrauen bei Kunden und potenziellen Kunden. Ein gut durchdachtes Branding sollte die Werte und Persönlichkeit des Unternehmens widerspiegeln und ein einheitliches Erscheinungsbild in allen Marketingkanälen gewährleisten. Es ist wichtig, dass das Branding auf die Bedürfnisse und Vorlieben der Zielgruppe abgestimmt ist, um eine starke Verbindung und Loyalität aufzubauen. Insgesamt ist Branding ein wichtiger Bestandteil der Marketingstrategie und sollte sorgfältig geplant und umgesetzt werden.

4. Online-Marketing:

Online-Marketing nutzt digitale Kanäle, um Produkte und Dienstleistungen zu bewerben. Es ermöglicht Unternehmen, gezielt und kosteneffizient mit ihrer Zielgruppe zu kommunizieren.

Beispiel: Ein Online-Shop für handgefertigte Schmuckstücke setzt auf Online-Marketing, um seine Produkte zu bewerben und den Umsatz zu steigern.
Umsetzung: Der Shop nutzt SEO, Social Media Advertising und E-Mail-Marketing, um die Sichtbarkeit zu erhöhen und mit Kunden zu interagieren.

Online-Marketing ist eine der wichtigsten Strategien, die Unternehmen heutzutage nutzen, um ihre Reichweite zu erhöhen und ihre Zielgruppe zu erreichen. Durch die Verwendung von digitalen Kanälen wie Social Media, E-Mail-Marketing und SEO können Unternehmen ihre Produkte und Dienstleistungen bewerben und gezielt mit ihren Kunden interagieren. Ein guter Beispiel dafür ist der Online-Shop für handgefertigte Schmuckstücke, der durch die Nutzung von Online-Marketing seine Sichtbarkeit erhöht und somit den Umsatz steigert. Unternehmen sollten Online-Marketing als wichtigen Bestandteil ihrer Marketingstrategie betrachten, um im digitalen Zeitalter erfolgreich zu sein.

5. Content-Marketing:

Content-Marketing zielt darauf ab, relevante und wertvolle Inhalte zu erstellen, um eine Zielgruppe anzuziehen, zu binden und letztendlich zu Kunden zu konvertieren.

Beispiel: Ein Start-up im Bereich Finanzberatung erstellt hochwertige Inhalte, um Vertrauen aufzubauen und Leads zu generieren.
Umsetzung: Das Unternehmen veröffentlicht Blogbeiträge, E-Books und Webinare, die relevante Informationen bieten und die Expertise des Unternehmens unterstreichen.

Das Ziel von Content-Marketing ist es, durch die Erstellung von relevanten und wertvollen Inhalten eine bestimmte Zielgruppe anzusprechen, zu binden und schlussendlich in Kunden umzuwandeln. Ein gutes Beispiel hierfür ist ein Start-up im Bereich der Finanzberatung, das hochwertige Inhalte erstellt, um das Vertrauen potenzieller Kunden aufzubauen und somit Leads zu generieren. Das Unternehmen setzt hierbei auf verschiedene Formate, wie zum Beispiel Blogbeiträge, E-Books und Webinare, um relevante Informationen zu liefern und seine Expertise zu unterstreichen. Durch diese Maßnahmen kann das Unternehmen eine starke Bindung zu seinen Kunden aufbauen und diese langfristig halten.

6. Event-Marketing:

Event-Marketing bietet die Möglichkeit, direkt mit der Zielgruppe in Kontakt zu treten, Markenerlebnisse zu schaffen und die Beziehung zu den Kunden zu vertiefen.

Beispiel: Eine lokale Brauerei organisiert regelmäßig Events, um ihre Biere vorzustellen und die Markenbekanntheit zu steigern.
Umsetzung: Die Brauerei veranstaltet Bierproben, Festivals und Partnerschaften mit lokalen Restaurants, um eine Community um ihre Marke zu schaffen.

Durch die direkte Interaktion mit den Kunden können Unternehmen Feedback zu ihren Produkten und Dienstleistungen erhalten und auf die Bedürfnisse und Wünsche ihrer Zielgruppe eingehen. Event-Marketing bietet somit eine effektive Möglichkeit, das Image und die Reputation des Unternehmens zu verbessern und die Kundenbindung zu stärken. Dabei sollten Unternehmen jedoch darauf achten, dass die Events authentisch und relevant für die Zielgruppe sind, um eine positive Wahrnehmung zu erzielen.

7. Influencer-Marketing:

Influencer-Marketing nutzt die Reichweite und Glaubwürdigkeit von Meinungsführern, um Produkte und Dienstleistungen authentisch und glaubwürdig zu präsentieren.

Beispiel: Ein Kosmetikunternehmen kooperiert mit Influencern, um seine Produkte einem breiteren Publikum zu präsentieren.
Umsetzung: Das Unternehmen wählt Influencer aus, die zur Markenidentität passen, und entwickelt gemeinsame Kampagnen und Produktplatzierungen.

Influencer-Marketing ist eine sehr effektive Marketingstrategie, da Meinungsführer auf Social-Media-Plattformen eine große Anzahl von Followern haben, die ihren Empfehlungen vertrauen. Unternehmen können von dieser Glaubwürdigkeit profitieren, indem sie Influencer nutzen, um ihre Produkte und Dienstleistungen zu bewerben. Die Wahl des richtigen Influencers ist jedoch entscheidend, da seine Werte und Interessen mit der Marke übereinstimmen müssen. Zusammen mit dem Influencer kann das Unternehmen eine Kampagne entwickeln, die authentisch und glaubwürdig wirkt und das Interesse der Zielgruppe weckt. Eine erfolgreiche Influencer-Kampagne kann zu einer Steigerung der Markenbekanntheit und des Umsatzes führen.

8. Kundenbindung:

Kundenbindung ist ein zentraler Aspekt des Marketings. Loyalität und Mundpropaganda von bestehenden Kunden können langfristig mehr Wert schaffen als die Akquisition neuer Kunden.

Beispiel: Ein Fitnessstudio implementiert ein Treueprogramm, um die Kundenbindung zu erhöhen und Mitglieder zu belohnen.
Umsetzung: Das Studio bietet Rabatte, exklusive Kurse und Prämien für Mitglieder, die regelmäßig teilnehmen und Freunde werben.

Auf diese Weise fühlen sich die Mitglieder geschätzt und motiviert, weiterhin das Fitnessstudio zu besuchen und es auch ihren Freunden und Bekannten zu empfehlen. Das wiederum führt zu einer positiven Mundpropaganda und kann potenzielle neue Kunden anziehen. Eine starke Kundenbindung ist somit ein wichtiger Faktor für den Erfolg eines Unternehmens und sollte nicht vernachlässigt werden. Es lohnt sich, Zeit und Ressourcen in die Umsetzung von Maßnahmen zur Kundenbindung zu investieren, um langfristig erfolgreich zu sein.

9. Performance-Messung:

Die Performance-Messung ermöglicht es Unternehmen, den Erfolg ihrer Marketingaktivitäten zu bewerten und ihre Strategien kontinuierlich zu optimieren.

Beispiel: Ein E-Commerce-Unternehmen misst regelmäßig die Performance seiner Marketingaktivitäten, um den ROI zu bewerten und Strategien anzupassen.

Umsetzung: Das Unternehmen verwendet Analysetools, um KPIs wie Conversion-Rate, Kundenakquisitionskosten und Engagement zu verfolgen und zu optimieren.

Die Performance-Messung kann auch dazu beitragen, Schwachstellen in der Marketing-Strategie aufzudecken und Verbesserungen vorzunehmen. Wenn beispielsweise eine Anzeige nicht die gewünschte Conversion-Rate erzielt, kann das Unternehmen diese überarbeiten oder durch eine andere ersetzen.

Durch die kontinuierliche Überwachung der Performance können Unternehmen auch Trends erkennen und ihre Strategien entsprechend anpassen. Allerdings ist es wichtig zu beachten, dass die Performance-Messung nicht die einzige Kennzahl für den Erfolg einer Marketingkampagne ist. Es ist auch wichtig, Faktoren wie Markenbekanntheit, Kundenbindung und Kundenzufriedenheit zu berücksichtigen, um ein umfassendes Bild des Erfolgs zu erhalten.

Durch die Entwicklung und Umsetzung effektiver Marketingstrategien und den Aufbau einer starken Marke können Unternehmen ihre Marktposition festigen, Kundenloyalität aufbauen und nachhaltigen Geschäftserfolg erzielen.

In einer immer wettbewerbsintensiveren und globalisierten Marktlandschaft ist es unerlässlich, dass Unternehmen kontinuierlich in ihre Marketing- und Branding-Strategien investieren, um sich erfolgreich zu differenzieren und eine klare Identität zu schaffen. Dies erhöht nicht nur die Sichtbarkeit und Attraktivität gegenüber den Kunden, sondern fördert auch die Loyalität und schafft eine starke Kundenbindung, die sich langfristig positiv auf den Unternehmenserfolg auswirkt.

Eine erfolgreiche Marketingstrategie sollte immer auf die Zielgruppe ausgerichtet sein und ihre Bedürfnisse und Wünsche berücksichtigen. Dazu gehört nicht nur die Entwicklung passender Produkte oder Dienstleistungen, sondern auch eine gezielte Kommunikation und Positionierung am Markt. Eine klare Markenbotschaft und ein einheitliches Erscheinungsbild sind dabei essentiell, um eine starke Identität zu schaffen und im Gedächtnis der Kunden zu bleiben.

Auch das Thema Nachhaltigkeit gewinnt immer mehr an Bedeutung und sollte in die Marketingstrategie integriert werden, um ein positives Image zu schaffen und sich von der Konkurrenz abzuheben. Letztendlich ist es wichtig, kontinuierlich die Wirksamkeit der Marketingmaßnahmen zu messen und anzupassen, um langfristig erfolgreich zu sein und sich auch in Zukunft gegen die Konkurrenz behaupten zu können.

Kapitel 9: Unternehmenskultur und Mitarbeiterführung

Unternehmenskultur und Mitarbeiterführung sind zwei bedeutende Faktoren, die den Erfolg und die Entwicklung eines Unternehmens maßgeblich beeinflussen. Dieses Kapitel widmet sich ausgiebig diesen Themen und beleuchtet, wie eine positive und werteorientierte Unternehmenskultur sowie eine effektive Mitarbeiterführung etabliert und gepflegt werden können.

Die Unternehmenskultur spiegelt die Identität, Werte und Normen wider und wirkt sich auf das tägliche Handeln sowie die Entscheidungen aller Mitarbeiter aus.

Eine gute Führung ist unerlässlich, um Mitarbeiter zu motivieren, ihre Potenziale voll auszuschöpfen und somit zur Erreichung der Unternehmensziele beizutragen.

In diesem Kapitel werden praxisorientierte Strategien und Beispiele vorgestellt, die Unternehmen dabei unterstützen, eine starke Kultur und effektive Führungspraktiken zu etablieren. So wird ein motivierendes Arbeitsumfeld geschaffen und langfristiger Erfolg gesichert. Die aufgezeigten Beispiele eignen sich außerdem auch für kleinere Unternehmen und Start-Ups die gerade damit beginnen Personal einzustellen und auszubilden.

1. Unternehmensvision und -mission:

Die Unternehmensvision und -mission sind die Grundpfeiler der Unternehmenskultur. Sie geben die Richtung vor und definieren, wofür das Unternehmen steht und was es erreichen möchte.

Beispiel: Ein Start-up im Bereich nachhaltige Mode definiert seine Vision als „Veränderung der Modeindustrie durch umweltfreundliche Praktiken".
Umsetzung: Das Unternehmen kommuniziert seine Vision und Mission klar an alle Mitarbeiter, integriert sie in die Unternehmensstrategie und lebt diese Werte im Alltag.

Eine klare Unternehmensvision und -mission sind entscheidend für den Erfolg eines Unternehmens. Sie dienen nicht nur als Leitfaden für die Mitarbeiter, sondern auch für Kunden und Geschäftspartner. Eine gut formulierte Vision und Mission schaffen Vertrauen und Glaubwürdigkeit und können das Unternehmen von der Konkurrenz abheben.

Es ist wichtig, dass die Vision und Mission nicht nur auf dem Papier stehen, sondern auch im täglichen Leben des Unternehmens gelebt werden. Nur so können sie ihre volle Wirkung entfalten und das Unternehmen auf den Erfolgspfad führen.

2. Werte und Prinzipien:

Werte und Prinzipien sind das Fundament der Unternehmenskultur und leiten das Verhalten aller Mitarbeiter im Unternehmen.

Beispiel: Ein IT-Unternehmen legt großen Wert auf Innovation, Teamarbeit und Kundenzufriedenheit.
Umsetzung: Diese Werte werden in Mitarbeiterhandbüchern verankert, in Schulungen vermittelt und bei Entscheidungsfindungen berücksichtigt.

Die Werte und Prinzipien eines Unternehmens sind von entscheidender Bedeutung für den Erfolg und die Nachhaltigkeit des Unternehmens. Sie sorgen für eine klare Ausrichtung und Orientierung aller Mitarbeiter und schaffen eine gemeinsame Basis für das Handeln im Unternehmen.

Die Werte sollten daher nicht nur auf dem Papier stehen, sondern auch aktiv gelebt und umgesetzt werden. Nur so können sie ihre volle Wirkung entfalten und das Unternehmen zu einem erfolgreichen und vertrauenswürdigen Partner machen.

Eine klare Kommunikation und regelmäßige Schulungen sind dabei unerlässlich, um sicherzustellen, dass alle Mitarbeiter die Werte und Prinzipien des Unternehmens verstehen und danach handeln.

3. Kommunikation und Transparenz:

Offene Kommunikation und Transparenz sind Schlüsselelemente einer positiven Unternehmenskultur und fördern das Vertrauen und Engagement der Mitarbeiter.

Beispiel: Ein mittelständisches Produktionsunternehmen führt regelmäßige Teammeetings und Mitarbeitergespräche durch. **Umsetzung:** Durch diese Maßnahmen werden Informationen transparent geteilt, Feedback gesammelt und die Mitarbeiter in Entscheidungsprozesse eingebunden.

Eine offene Kommunikation und Transparenz im Unternehmen sind von großer Bedeutung. Sie fördern nicht nur das Vertrauen und Engagement der Mitarbeiter, sondern auch das Verständnis für Entscheidungen und Prozesse. Ein Beispiel hierfür ist ein mittelständisches Produktionsunternehmen, das regelmäßige Teammeetings und Mitarbeitergespräche durchführt. Durch diese Maßnahmen können Informationen transparent geteilt werden, Feedback gesammelt und die Mitarbeiter werden in Entscheidungsprozesse eingebunden. So fühlen sie sich nicht nur gehört und wertgeschätzt, sondern sind auch motivierter, an der Entwicklung des Unternehmens mitzuwirken. Eine offene Kommunikation und Transparenz sind somit unverzichtbar für eine positive Unternehmenskultur.

4. Anerkennung und Wertschätzung:

Anerkennung und Wertschätzung tragen maßgeblich zur Mitarbeiterzufriedenheit und -motivation bei und stärken das Zusammengehörigkeitsgefühl.

Beispiel: Ein Dienstleistungsunternehmen implementiert ein Mitarbeiter-Belohnungssystem.
Umsetzung: Mitarbeiter erhalten Anerkennung und Prämien für herausragende Leistungen, was die Motivation und die Bindung an das Unternehmen erhöht.

Eine angemessene Anerkennung und Wertschätzung kann in unterschiedlichen Formen erfolgen. Es kann sich dabei beispielsweise um positive Feedbacks, Lob und Dankbarkeit für gute Arbeit handeln. Auch finanzielle Anreize wie Prämien oder Boni können dazu beitragen, die Mitarbeiterzufriedenheit zu erhöhen.

Es ist wichtig, dass die Anerkennung und Wertschätzung auf eine individuelle und bedürfnisorientierte Art und Weise erfolgt, um eine höhere Akzeptanz und Wirkung zu erzielen. Insgesamt trägt eine solche Wertschätzungskultur zur Schaffung einer positiven Arbeitsatmosphäre bei und fördert die Identifikation der Mitarbeiter mit ihrem Arbeitgeber.

5. Fortbildung und Entwicklung:

Die Förderung von Talenten und die Anpassung an Marktveränderungen sind eng mit der Weiterbildung und Entwicklung der Mitarbeiter verbunden. Hierzu ist es erforderlich, in diese Investitionen zu tätigen.

Beispiel: Ein Marketingunternehmen möchte gezielt motivierte Mitarbeiter unterstützen.

Umsetzung: Es bietet freiwillige Zusatzschulungen und Fortbildungsmöglichkeiten an, an denen jeder Mitarbeiter teilnehmen kann, aber nicht muss.

Eine gute Weiterbildung kann auch dazu beitragen, die Mitarbeiterbindung zu erhöhen. Wenn Mitarbeiter das Gefühl haben, dass ihr Arbeitgeber sich für ihre Karriereentwicklung interessiert und in sie investiert, steigt ihre Zufriedenheit und Motivation. Zudem können sie ihr erworbenes Wissen und ihre Fähigkeiten im Unternehmen einbringen und so zu dessen Erfolg beitragen.

Nicht zuletzt sollte die Weiterbildung und Entwicklung der Mitarbeiter langfristig geplant und umgesetzt werden. Hierbei kann ein Personalentwicklungskonzept helfen, das die individuellen Entwicklungsziele der Mitarbeiter mit den langfristigen Zielen des Unternehmens in Einklang bringt. So kann die Personalentwicklung gezielt gesteuert und der Erfolg der Investitionen in die Mitarbeiter langfristig gesichert werden.

6. Work-Life-Balance:

Eine ausgewogene Work-Life-Balance ist entscheidend für die Gesundheit und Zufriedenheit der Mitarbeiter und trägt zu einer positiven Arbeitsatmosphäre bei.

Beispiel: Ein Softwareunternehmen ermöglicht flexible Arbeitszeiten und Homeoffice.
Umsetzung: Diese Maßnahmen fördern das Wohlbefinden der Mitarbeiter, reduzieren Stress und erhöhen die Arbeitszufriedenheit.

Flexible Arbeitszeiten und Homeoffice können dazu beitragen, dass Mitarbeiter ihre beruflichen Verpflichtungen besser mit ihren persönlichen Bedürfnissen vereinbaren können.

Wenn Mitarbeiter beispielsweise ihre Arbeitszeit an die Bedürfnisse ihrer Familie anpassen können, fühlen sie sich weniger gestresst und können ihre Arbeit produktiver erledigen. Gleichzeitig kann das Arbeiten von zuhause aus die Pendelzeit verringern und somit auch zu einer besseren Work-Life-Balance beitragen.

Eine ausgewogene Work-Life-Balance ist jedoch nicht nur für den Einzelnen wichtig, sondern auch für das Unternehmen. Mitarbeiter, die sich wohl fühlen und zufrieden sind, sind motivierter und leisten bessere Arbeit. Eine positive Arbeitsatmosphäre kann sich somit auch auf die Qualität der Arbeit und den Erfolg des Unternehmens auswirken.

7. Diversität und Inklusion:

Diversität und Inklusion bereichern die Unternehmenskultur, fördern Kreativität und Innovation und spiegeln eine sozial verantwortliche Unternehmensführung wider.

Beispiel: Ein internationales Handelsunternehmen fördert aktiv die Vielfalt und Gleichberechtigung am Arbeitsplatz.
Umsetzung: Durch inklusive Einstellungspraktiken und Förderprogramme wird eine vielfältige Belegschaft aufgebaut und ein inklusives Arbeitsumfeld geschaffen.

Diversität und Inklusion sind wichtige Bestandteile einer erfolgreichen Unternehmenskultur. Unternehmen, die sich für die Förderung von Diversität und Inklusion einsetzen, haben den Vorteil, dass sie von einem breiten Spektrum an Ideen und Perspektiven profitieren können.

Eine vielfältige Belegschaft fördert Kreativität und Innovation und kann dazu beitragen, dass ein Unternehmen wettbewerbsfähiger wird.

Ein Beispiel für ein Unternehmen, das sich für Diversität und Inklusion einsetzt, ist hier ein internationales Handelsunternehmen. Dieses Unternehmen hat sich zum Ziel gesetzt, ein inklusives Arbeitsumfeld zu schaffen und eine vielfältige Belegschaft aufzubauen. Durch inklusive Einstellungspraktiken und Förderprogramme wird sichergestellt, dass alle Mitarbeiterinnen und Mitarbeiter die gleichen Chancen haben und sich in ihrer Arbeitsumgebung wohl fühlen können.

8. Soziale Verantwortung:

Unternehmen, die soziale Verantwortung übernehmen, stärken ihr Image, motivieren ihre Mitarbeiter und tragen zu einer nachhaltigen Gesellschaft bei.

Beispiel: Ein Lebensmittelhersteller engagiert sich in sozialen Projekten und Umweltschutzinitiativen.

Umsetzung: Das Unternehmen unterstützt lokale Gemeinschaften, reduziert seinen ökologischen Fußabdruck und fördert das Bewusstsein für soziale Verantwortung unter den Mitarbeitern.

Durch die Übernahme sozialer Verantwortung können Unternehmen nicht nur ihr Image verbessern, sondern auch ihre Mitarbeiter motivieren und einen Beitrag zu einer nachhaltigen Gesellschaft leisten.

Ein gutes Beispiel ist hier ein Lebensmittelhersteller, der sich in sozialen Projekten und Umweltschutzinitiativen engagiert. Dabei setzt das Unternehmen auf die Unterstützung lokaler Gemeinschaften, um seinen ökologischen Fußabdruck zu reduzieren und das Bewusstsein für soziale Verantwortung auch innerhalb der Belegschaft zu fördern. Somit kann die Übernahme sozialer Verantwortung nicht nur für das Unternehmen selbst, sondern auch für die Gesellschaft als Ganzes von großem Nutzen sein.

9. Mitarbeiterbeteiligung:

Mitarbeiterbeteiligung stärkt das Gefühl der Zugehörigkeit und ermöglicht es den Mitarbeitern, aktiv zur Unternehmensentwicklung beizutragen.

Beispiel: Ein Logistikunternehmen führt ein Ideenmanagement-System ein.
Umsetzung: Mitarbeiter können Vorschläge einreichen, an der Umsetzung von Projekten teilnehmen und werden für ihre Beiträge belohnt.

Durch die Mitarbeiterbeteiligung können Unternehmen von den Ideen und Anregungen ihrer Angestellten profitieren. Wenn Mitarbeiter das Gefühl haben, dass ihre Meinung zählt und sie aktiv zur Entwicklung des Unternehmens beitragen können, steigert dies nicht nur ihre Zufriedenheit, sondern auch ihre Motivation.

Das Ideenmanagement-System des erwähnten Logistikunternehmens ist ein gutes Beispiel dafür, wie Mitarbeiterbeteiligung in der Praxis umgesetzt werden kann. Durch die Möglichkeit, Vorschläge einzureichen und an Projekten mitzuwirken, fühlen sich die Mitarbeiter wertgeschätzt und können ihre Kreativität und ihr Engagement einbringen. Belohnungen für erfolgreiche Umsetzungen sorgen zudem für zusätzliche Motivation und Bestätigung. Insgesamt trägt die Mitarbeiterbeteiligung somit zu einer positiven Unternehmenskultur bei und kann sich auch auf den wirtschaftlichen Erfolg auswirken.

10. Führung und Management:

Effektive Führung und Management sind entscheidend für die Gestaltung der Unternehmenskultur und die Erreichung der Unternehmensziele.

Beispiel: Ein Beratungsunternehmen legt Wert auf partizipative Führung und Mitarbeiterentwicklung.
Umsetzung: Führungskräfte fördern die Eigenverantwortung, unterstützen die berufliche Entwicklung der Mitarbeiter und schaffen eine inspirierende Arbeitsumgebung.

Eine erfolgreiche Führungskraft muss in der Lage sein, ein Team zu leiten und zu motivieren. Dazu gehören auch die Fähigkeit, klare Ziele zu setzen und diese zu kommunizieren. Ein guter Manager muss außerdem in der Lage sein, die Ressourcen des Unternehmens effizient einzusetzen und Entscheidungen zu treffen, die im Einklang mit den Unternehmenszielen stehen.

Besonders wichtig ist es, eine positive und offene Unternehmenskultur zu fördern. Mitarbeiter sollten sich wertgeschätzt und unterstützt fühlen, um ihr volles Potenzial entfalten zu können. Eine inspirierende Arbeitsumgebung kann hierbei helfen, indem sie die Kreativität und Motivation der Mitarbeiter fördert.

Insgesamt ist es entscheidend, dass Führungskräfte und Manager die Bedürfnisse und Erwartungen der Mitarbeiter im Blick behalten und auf diese eingehen. Nur so kann eine erfolgreiche Unternehmenskultur geschaffen werden, die die Ziele des Unternehmens unterstützt und langfristig erfolgreich ist.

Die in diesem Kapitel vorgestellten Aspekte der Unternehmenskultur und Mitarbeiterführung sind zentrale Bausteine für den Aufbau eines erfolgreichen und nachhaltigen Unternehmens. Sie tragen dazu bei, ein positives Arbeitsklima zu schaffen, Talente zu fördern und die Mitarbeiterbindung zu stärken, was letztendlich den Unternehmenserfolg maßgeblich beeinflusst.

Durch die Schaffung einer inklusiven, werteorientierten Kultur und die Implementierung effektiver Führungsstrategien können Unternehmen nicht nur die Zufriedenheit und Motivation ihrer Mitarbeiter steigern, sondern auch ihre Wettbewerbsfähigkeit und Anpassungsfähigkeit in einem sich ständig wandelnden Marktumfeld erhöhen.

Dieses Kapitel soll als Inspirationsquelle und Leitfaden dienen, um die Bedeutung einer starken Unternehmenskultur und effektiver Mitarbeiterführung zu verstehen und praktische Ansätze für ihre Umsetzung im Unternehmensalltag zu bieten.

Kapitel 10: Digitalisierung und Technologieintegration

In einer Ära, in der die Geschäftswelt durch rasante technologische Entwicklungen und Digitalisierung geprägt ist, stellt sich die Integration von fortschrittlichen Technologien als unverzichtbares Element für den Unternehmenserfolg heraus.

Dieses Kapitel wirft einen detaillierten Blick darauf, wie die Einführung und Anwendung verschiedenster Technologien Unternehmen dabei unterstützen können, ihre Abläufe zu verfeinern, innovative Lösungen zu kreieren und eine solide Wettbewerbsposition auf dem Markt zu behaupten.

Wir werden eine breite Palette von Themen erkunden, angefangen bei der Implementierung von Technologielösungen, über die Bedeutung von Cybersecurity, bis hin zu den Möglichkeiten, die nachhaltige Technologien bieten. Dabei soll ein umfassendes Verständnis dafür vermittelt werden, wie essenziell die Rolle der Technologie in der heutigen Geschäftswelt ist und welche Chancen sich durch ihre Integration eröffnen.

1. Implementierung von Technologielösungen:

Die Implementierung von Technologielösungen ist entscheidend für die Optimierung von Geschäftsprozessen und die Steigerung der Effizienz.

Beispiel: Ein Einzelhandelsunternehmen führt ein neues Warenwirtschaftssystem ein.
Umsetzung: Das Unternehmen analysiert seine Anforderungen, wählt eine passende Lösung aus, schult die Mitarbeiter und überwacht die Implementierung, um sicherzustellen, dass die neue Technologie erfolgreich integriert wird.

Die Vorteile von Technologieimplementierung:
Die Implementierung von Technologielösungen bietet zahlreiche Vorteile für Unternehmen.
Zum einen kann die Effizienz gesteigert werden, da Technologien repetitive und zeitaufwändige Aufgaben automatisieren können.
Zum anderen kann die Qualität der Arbeit verbessert werden, da Technologien präziser und zuverlässiger als Menschen arbeiten können.
Darüber hinaus können Kosten gesenkt werden, da Technologien oft günstiger sind als menschliche Arbeitskräfte und weniger Fehler machen.
Schließlich kann die Implementierung von Technologien auch dazu beitragen, die Kundenzufriedenheit zu erhöhen, da Technologien schneller und effektiver auf Kundenanfragen reagieren können.

2. Datenanalyse und -management:

Datenanalyse und -management ermöglichen es Unternehmen, fundierte Entscheidungen zu treffen und ihre Strategien kontinuierlich zu optimieren.

Beispiel: Ein Online-Marketing-Unternehmen nutzt Datenanalysetools, um die Performance von Werbekampagnen zu messen.
Umsetzung: Durch die Sammlung und Analyse von Daten kann das Unternehmen die Effektivität von Marketingstrategien bewerten, Kundenverhalten verstehen und gezielte Anpassungen vornehmen.

Die gesammelten Daten können auch für das Datenmanagement genutzt werden, um sicherzustellen, dass alle Daten korrekt und auf dem neuesten Stand sind.

Eine effektive Datenmanagementstrategie kann auch dazu beitragen, den Datenschutz und die Sicherheit von Daten zu gewährleisten. Unternehmen sollten sicherstellen, dass sie über die notwendige Infrastruktur und das Fachwissen verfügen, um Daten effektiv zu analysieren und zu verwalten.

Mit einer effektiven Datenanalyse- und Managementstrategie können Unternehmen ihre Geschäftsprozesse optimieren und letztendlich ihre Wettbewerbsfähigkeit verbessern.

3. Cybersecurity:

Cybersecurity ist von zentraler Bedeutung, um die Integrität, Vertraulichkeit und Verfügbarkeit von Unternehmensdaten zu schützen.

Beispiel: Ein Finanzdienstleistungsunternehmen implementiert umfassende Sicherheitsmaßnahmen, um Kundendaten zu schützen.
Umsetzung: Das Unternehmen setzt Firewalls, Verschlüsselungstechnologien und regelmäßige Sicherheitsaudits ein, um Cyberbedrohungen zu identifizieren und abzuwehren.

Des Weiteren werden alle Mitarbeiter des Unternehmens regelmäßig geschult, um sicherzustellen, dass sie sich bewusst sind, wie sie sich vor Cyberangriffen schützen können. Dies beinhaltet beispielsweise die Verwendung starker Passwörter und die Vermeidung von Phishing-E-Mails.

Eine weitere wichtige Maßnahme ist die regelmäßige Aktualisierung von Software und Betriebssystemen, um Sicherheitslücken zu schließen. Durch die effektive Umsetzung von Cybersecurity-Maßnahmen kann das Unternehmen das Vertrauen seiner Kunden stärken und sich vor möglichen Datenlecks oder anderen Sicherheitsverletzungen schützen.

4. Cloud-Computing:

Cloud-Computing bietet flexible und skalierbare Lösungen für Speicherung, Verarbeitung und Zugriff auf Daten und Anwendungen.

Beispiel: Ein Start-up im Bereich Softwareentwicklung nutzt Cloud-Dienste für die Entwicklung und Bereitstellung von Anwendungen.
Umsetzung: Durch die Nutzung von Cloud-Plattformen kann das Unternehmen Ressourcen effizient skalieren, Kosten reduzieren und die Zusammenarbeit im Team fördern.

Des Weiteren bietet Cloud-Computing auch großen Unternehmen zahlreiche Vorteile. Mithilfe von Cloud-Diensten können sie schnell auf Bedarfsschwankungen reagieren und ihre IT-Infrastruktur flexibel anpassen. Auch die Auslagerung von Daten und Anwendungen in die Cloud kann die Datensicherheit erhöhen und die Verfügbarkeit der Anwendungen verbessern. Zudem können Unternehmen durch die Nutzung von Cloud-Plattformen auch ihre Umweltbilanz verbessern, da sie Ressourcen effizienter nutzen und somit Energie und CO_2-Emissionen einsparen können.

Trotz all dieser Vorteile gibt es auch einige Herausforderungen, die mit der Nutzung von Cloud-Diensten einhergehen können, wie beispielsweise Datenschutzbedenken und die Abhängigkeit von einem externen Dienstleister. Dennoch ist Cloud-Computing eine vielversprechende Technologie, die in der heutigen digitalen Welt immer wichtiger wird.

5. Künstliche Intelligenz und Automatisierung:

Der Einsatz von künstlicher Intelligenz und Automatisierung kann Geschäftsprozesse transformieren, Effizienz steigern und neue Möglichkeiten eröffnen.

Beispiel: Ein Logistikunternehmen implementiert automatisierte Lager- und Sortiersysteme.
Umsetzung: Durch den Einsatz von Robotertechnologie und intelligenten Algorithmen kann das Unternehmen die Logistikprozesse optimieren, Fehler reduzieren und die Liefergeschwindigkeit erhöhen.

Dabei können auch neue Arbeitsfelder geschaffen werden. So werden beispielsweise Experten benötigt, um die künstliche Intelligenz zu programmieren und zu optimieren. Auch Wartung und Reparatur der Technologie erfordert Fachkräfte.

Es ist jedoch wichtig zu beachten, dass der Einsatz von künstlicher Intelligenz und Automatisierung auch Auswirkungen auf die Arbeitsplätze haben kann. Manche Tätigkeiten können automatisiert werden und somit wegfallen. Es ist daher wichtig, dass Unternehmen und Gesellschaft sich auf diese Veränderungen vorbereiten und mögliche negative Auswirkungen abfedern.

Letztendlich können künstliche Intelligenz und Automatisierung jedoch dazu beitragen, dass Unternehmen wettbewerbsfähig bleiben und somit auch Arbeitsplätze erhalten werden. Es ist also ein sinnvoller Schritt in die Zukunft, der in jedem einzelnen Fall zu betrachten ist.

6. Soziale Medien und digitales Marketing:

Soziale Medien und digitales Marketing sind unverzichtbare Instrumente zur Steigerung der Markenbekanntheit und Interaktion mit der Zielgruppe.

Beispiel: Ein Kosmetikhersteller nutzt Social Media Plattformen für Produktpräsentationen und Kundenkommunikation.
Umsetzung: Das Unternehmen erstellt ansprechende Inhalte, führt Online-Kampagnen durch und interagiert aktiv mit der Community, um die Markenpräsenz zu stärken und Kundenbindung zu fördern.

Dank sozialer Medien können Unternehmen ihre Zielgruppe auf einfache und kostengünstige Weise erreichen.

Durch gezieltes digitales Marketing können gezielt Werbeanzeigen auf potenzielle Kunden zugeschnitten werden. So kann ein Unternehmen seine Markenbekanntheit steigern und seine Zielgruppe besser ansprechen.

Es ist jedoch wichtig, dass Unternehmen sich über die verschiedenen Plattformen und Zielgruppen informieren, um eine erfolgreiche Kampagne zu starten. Eine gute Social-Media-Strategie kann dazu beitragen, dass das Unternehmen seine Ziele erreicht und seine Kunden besser erreicht.

7. Virtuelle und erweiterte Realität:

Virtuelle und erweiterte Realität bieten innovative Möglichkeiten für Produktpräsentationen, Training und Kundenerlebnisse.

Beispiel: Ein Immobilienunternehmen nutzt VR-Technologie für virtuelle Immobilienbesichtigungen.
Umsetzung: Kunden können mittels VR-Brillen Immobilien virtuell besichtigen, was den Verkaufsprozess erleichtert und ein immersives Erlebnis bietet.

Die erweiterte Realität kann auch für Schulungen und Trainings eingesetzt werden. Unternehmen können ihren Mitarbeitern beispielsweise virtuelle Schulungen anbieten, bei denen sie in einer sicheren und kontrollierten Umgebung praktische Erfahrungen sammeln können. Dadurch können Schulungskosten gesenkt und die Effektivität der Schulungen gesteigert werden.

Auch im Bereich des Marketings kann die erweiterte Realität eingesetzt werden. Unternehmen können beispielsweise AR-Apps entwickeln, die es Kunden ermöglichen, Produkte virtuell auszuprobieren und sich so ein besseres Bild von ihnen zu machen.

Insgesamt bieten virtuelle und erweiterte Realität viele spannende Möglichkeiten für Unternehmen, um ihre Produkte und Dienstleistungen zu präsentieren und ihre Geschäftsprozesse zu optimieren. Es bleibt abzuwarten, welche neuen Anwendungen in Zukunft noch entwickelt werden.

Die im Verlauf dieses Kapitels erörterten Facetten der Digitalisierung und Technologieintegration sind von grundlegender Bedeutung für die strategische Ausrichtung und den fortwährenden Erfolg von Unternehmen in der digitalen Ära.

In einer Welt, die zunehmend durch Vernetzung und digitale Innovationen geprägt ist, eröffnen sich durch den Einsatz dieser Technologien unbegrenzte Möglichkeiten für Optimierung, Innovation und Differenzierung.

Jene Unternehmen, die in der Lage sind, diese Instrumente effizient zu implementieren und sich stetig an die neuesten technologischen Trends anzupassen, werden ihre Marktposition festigen, nachhaltiges Wachstum erleben und langfristig florieren.

Dieses Kapitel soll nicht nur als umfassender Leitfaden dienen, sondern auch als Inspirationsquelle für all jene, die die transformative und revolutionäre Kraft der Digitalisierung und Technologie im unternehmerischen Kontext voll ausschöpfen möchten.

Kapitel 11: Risikomanagement und Krisenbewältigung

In der dynamischen und oft unvorhersehbaren Geschäftswelt von heute ist das Risikomanagement und die Krisenbewältigung von entscheidender Bedeutung für die Langlebigkeit und den Erfolg eines Unternehmens.

Dieses Kapitel widmet sich der tiefgreifenden Untersuchung dieser beiden Schlüsselbereiche und beleuchtet, wie Unternehmen sich auf unerwartete Ereignisse vorbereiten, Risiken minimieren und effektiv auf Krisen reagieren können.

Die Bedeutung von präventiven Maßnahmen, Notfallplänen und klarer Kommunikation wird im Detail erörtert, um ein umfassendes Verständnis der verschiedenen Facetten des Risikomanagements und der Krisenbewältigung zu vermitteln. Ziel ist es, Unternehmen die Werkzeuge und Kenntnisse an die Hand zu geben, die sie benötigen, um widerstandsfähig zu sein und sich an verändernde Umstände anzupassen.

1. Risikoanalyse und -bewertung:

Risikoanalyse und -bewertung sind grundlegende Schritte im Risikomanagementprozess, bei denen potenzielle Risiken identifiziert, analysiert und bewertet werden.

Beispiel: Ein Verpackungsunternehmen führt eine Risikoanalyse durch, um potenzielle Gefahren für die Produktion zu identifizieren.

Umsetzung: Das Unternehmen erstellt eine Risikomatrix, bewertet die Wahrscheinlichkeit und Auswirkungen der identifizierten Risiken und entwickelt entsprechende Maßnahmen zur Risikominderung.

Umsetzung der Maßnahmen:
Nach der Identifikation, Analyse und Bewertung von Risiken ist es wichtig, Maßnahmen zu entwickeln, um diese Risiken zu minimieren oder zu vermeiden.

Überwachung und Kontrolle:
Sobald Maßnahmen zur Risikominimierung implementiert wurden, ist es wichtig, sie regelmäßig zu überwachen und zu kontrollieren, um sicherzustellen, dass sie effektiv sind und weiterhin angemessen bleiben.

2. Präventive Maßnahmen:

Präventive Maßnahmen dienen dazu, Risiken frühzeitig zu erkennen und zu minimieren, um Krisen zu vermeiden.

Beispiel: Ein IT-Unternehmen implementiert regelmäßige Sicherheitsupdates und Schulungen, um Cyberangriffe zu verhindern.
Umsetzung: Durch proaktive Sicherheitsmaßnahmen und die Sensibilisierung der Mitarbeiter werden potenzielle Sicherheitslücken geschlossen und das Risiko von Cyberangriffen reduziert.

Durch präventive Maßnahmen können Unternehmen Risiken frühzeitig erkennen und minimieren, um Krisen zu vermeiden. Ein Beispiel dafür wäre ein IT-Unternehmen, das regelmäßige Sicherheitsupdates und Schulungen implementiert, um Cyberangriffe zu verhindern. Durch proaktive Sicherheitsmaßnahmen und die Sensibilisierung der Mitarbeiter werden potenzielle Sicherheitslücken geschlossen und das Risiko von Cyberangriffen reduziert. Auf diese Weise können Unternehmen ihre Geschäftsprozesse stabilisieren und ihre Reputation schützen.

3. Notfallpläne und Krisenmanagement:

Die Erstellung von Notfallplänen und ein effektives Krisenmanagement sind essenziell, um im Krisenfall schnell und angemessen reagieren zu können.

Beispiel: Ein Lebensmittelhersteller entwickelt Notfallpläne für den Fall von Lieferengpässen oder Produktionsausfällen. **Umsetzung:** Das Unternehmen legt klare Verantwortlichkeiten und Abläufe fest, trainiert die Mitarbeiter im Umgang mit Krisensituationen und stellt sicher, dass alternative Lieferanten und Produktionsmöglichkeiten vorhanden sind.

Im Falle eines Lieferengpasses oder einer Störung in der Produktion ist es wichtig, schnell und angemessen zu reagieren, um mögliche Schäden für das Unternehmen zu minimieren.

Nur mit einem gut durchdachten Notfallplan und einem effektiven Krisenmanagement können Unternehmen in solchen Situationen erfolgreich sein. Dabei ist es wichtig, klare Verantwortlichkeiten und Abläufe festzulegen und diese auch regelmäßig zu trainieren und zu überprüfen.

Auch die Sicherstellung von alternativen Lieferanten und Produktionsmöglichkeiten sollte Teil des Notfallplans sein, um schnell auf unvorhergesehene Ereignisse reagieren zu können.

4. Kommunikation in Krisensituationen:

Eine klare und transparente Kommunikation ist in Krisensituationen unerlässlich, um Vertrauen zu bewahren und die Auswirkungen der Krise zu minimieren.

Beispiel: Ein Fluglinienunternehmen kommuniziert offen und proaktiv bei Flugausfällen oder -verspätungen.
Umsetzung: Das Unternehmen informiert betroffene Passagiere umgehend über Änderungen, bietet Alternativen an und entschädigt bei Bedarf, um die Kundenzufriedenheit zu erhalten.

Eine solche transparente und proaktive Kommunikation kann auch in anderen Krisensituationen angewendet werden, wie zum Beispiel bei einem Produktfehler oder einem Sicherheitsrisiko.

Es ist wichtig, schnell und umfassend zu informieren, um mögliche negative Auswirkungen auf Kunden, Mitarbeiter und die Reputation des Unternehmens zu minimieren. Dabei sollten alle Informationen klar und verständlich formuliert sein, um Missverständnisse zu vermeiden.

Eine gute Kommunikation in Krisensituationen kann dazu beitragen, das Vertrauen in das Unternehmen zu stärken und die Krise erfolgreich zu bewältigen.

5. Nachbereitung und Lessons Learned:

Die Nachbereitung von Krisen und die Analyse von „Lessons Learned" sind wichtig, um aus Erfahrungen zu lernen und zukünftige Krisen besser bewältigen zu können.

Beispiel: Ein Einzelhandelsunternehmen analysiert nach einem Einbruch die Sicherheitslücken und verbessert die Sicherheitsmaßnahmen.
Umsetzung: Das Unternehmen überprüft und optimiert die Sicherheitssysteme, schult die Mitarbeiter und passt die Abläufe an, um zukünftige Sicherheitsvorfälle zu verhindern.

Dabei ist es wichtig, dass nicht nur die technischen Aspekte betrachtet werden, sondern auch die organisatorischen und kommunikativen Maßnahmen hinterfragt werden.

Es empfiehlt sich, eine strukturierte Analyse durchzuführen, um alle relevanten Aspekte zu berücksichtigen. Hier können auch externe Experten oder Berater herangezogen werden, um eine objektive Sichtweise zu gewährleisten.

Die gewonnenen Erkenntnisse sollten anschließend dokumentiert und in die Planung zukünftiger Krisenprävention einbezogen werden. So kann das Unternehmen langfristig von den Erfahrungen profitieren und Krisen besser bewältigen.

Das Kapitel über Risikomanagement und Krisenbewältigung hat die vielfältigen Aspekte und Herausforderungen dieses essentiellen Bereichs der Unternehmensführung beleuchtet. Es hat gezeigt, wie durch sorgfältige Planung, proaktive Maßnahmen und effektive Kommunikation Risiken minimiert und Krisen erfolgreich bewältigt werden können.

Die Erkenntnisse und Beispiele aus diesem Kapitel dienen als Leitfaden für Unternehmen, um ihre Risikomanagementstrategien zu überdenken und zu stärken. Die Nachbereitung und das Lernen aus vergangenen Krisen sind dabei ebenso wichtig, um zukünftige Herausforderungen besser zu meistern und das Unternehmen zu schützen.

Insgesamt unterstreicht dieses Kapitel die Notwendigkeit für Unternehmen, in robuste Risikomanagement- und Krisenbewältigungsstrategien zu investieren, um ihre Widerstandsfähigkeit zu erhöhen, das Vertrauen der Stakeholder (Personen oder Gruppen, die direkt oder indirekt von den Aktivitäten eines Unternehmens betroffen sind oder diese beeinflussen können) zu bewahren und langfristig erfolgreich zu sein.

Kapitel 12: Erfolgsmessung und Weiterentwicklung

In der sich ständig wandelnden Geschäftswelt ist die Fähigkeit eines Unternehmens, seinen Erfolg zu messen und kontinuierlich weiterzuentwickeln, von entscheidender Bedeutung. Kapitel 12 beleuchtet die vielfältigen Aspekte und Methoden der Erfolgsmessung und zeigt auf, wie Unternehmen durch gezielte Strategien und Praktiken ihre Leistung optimieren und nachhaltig wachsen können.

Die Erfolgsmessung beginnt mit einer klaren Definition der Ziele und Erwartungen des Unternehmens. Diese sollten messbar und überprüfbar sein, um den Fortschritt zu verfolgen und notwendige Anpassungen vornehmen zu können. Es gibt verschiedene Kennzahlen und Indikatoren, die bei der Erfolgsmessung herangezogen werden können, wie beispielsweise Umsatz, Gewinn, Marktanteil, Kundenzufriedenheit und Mitarbeiterzufriedenheit.

Eine wichtige Rolle spielt auch die Benchmarking-Analyse, bei der das Unternehmen seine Leistung mit der Konkurrenz vergleicht und Best Practices identifiziert. Eine weitere Methode ist die Balanced Scorecard, die die Unternehmensstrategie in vier Perspektiven (Finanzen, Kunden, Prozesse, Mitarbeiter) gliedert und anhand von Kennzahlen bewertet.

Um den Erfolg kontinuierlich zu steigern, müssen Unternehmen auch ihre Strategien und Praktiken regelmäßig überprüfen und optimieren. Hierbei kann das Prinzip des kontinuierlichen Verbesserungsprozesses (KVP) angewendet werden, bei dem Verbesserungen in kleinen Schritten umgesetzt werden. Auch eine offene Feedbackkultur und die Einbindung der Mitarbeiter in den Entwicklungsprozess sind entscheidend für den langfristigen Erfolg eines Unternehmens.

1. Key Performance Indicators (KPIs):

Key Performance Indicators (KPIs) sind messbare Werte, die den Erfolg von Unternehmenszielen und -strategien anzeigen.

Beispiel: Ein Online-Handelsunternehmen setzt den Umsatz pro Besucher als KPI ein.
Umsetzung: Das Unternehmen analysiert regelmäßig diese KPI, um die Effektivität von Marketingstrategien zu bewerten und gegebenenfalls Anpassungen vorzunehmen.

Warum sind KPIs wichtig?
KPIs sind wichtig, weil sie helfen, den Fortschritt und Erfolg von Unternehmenszielen zu messen und zu überwachen. Sie ermöglichen es, Probleme und Schwachstellen frühzeitig zu erkennen und zu beheben.

Auf diese Weise können Unternehmen schnell auf Veränderungen im Markt reagieren und ihre Strategien anpassen, um ihre Ziele zu erreichen. KPIs helfen auch dabei, die Leistung von Teams und Mitarbeitern zu bewerten und zu verbessern, indem sie klare Ziele und Erwartungen definieren.

2. Strategische Planung und Anpassung:

Strategische Planung und die Fähigkeit zur Anpassung an Veränderungen sind entscheidend für die nachhaltige Entwicklung des Unternehmens.

Beispiel: Ein Einzelhandelsunternehmen passt seine Strategie an veränderte Konsumgewohnheiten an.
Umsetzung: Durch Marktanalysen und flexible Planung kann das Unternehmen auf Trends reagieren, sein Angebot anpassen und so seine Marktposition stärken.

Die strategische Planung und Anpassung sind ein wichtiger Bestandteil der Unternehmensentwicklung. Es geht darum, die Zukunft des Unternehmens langfristig zu sichern und auf Veränderungen im Markt schnell und flexibel reagieren zu können.

Ein gutes Beispiel hierfür ist ein Einzelhandelsunternehmen, das seine Strategie an veränderte Konsumgewohnheiten anpasst. Durch eine umfassende Marktanalyse kann das Unternehmen Trends frühzeitig erkennen und sein Angebot entsprechend anpassen. Hierdurch kann es nicht nur seine Wettbewerbsfähigkeit verbessern, sondern auch seine Marktposition stärken.

Insgesamt ist die strategische Planung und Anpassung ein wichtiger Faktor für den langfristigen Erfolg eines Unternehmens. Wer in der Lage ist, schnell und flexibel auf Veränderungen zu reagieren und seine Strategie entsprechend anzupassen, hat gute Chancen, auch in Zukunft erfolgreich zu sein.

3. Finanzanalyse und Controlling:

Finanzanalyse und Controlling (Planung, Steuerung und Kontrolle aller Unternehmensprozesse mit dem Ziel, die Effizienz zu steigern und die Unternehmensziele zu erreichen) sind wesentlich, um die finanzielle Gesundheit und Rentabilität des Unternehmens zu überwachen und zu steuern.

Beispiel: Ein Modeunternehmen führt monatliche Finanzanalysen durch, um Kosten, Umsätze und Gewinne zu überprüfen.
Umsetzung: Durch regelmäßige Überwachung und Anpassung der Finanzstrategie kann das Unternehmen seine Rentabilität sichern und finanzielle Risiken minimieren.

Darüber hinaus kann das Controlling auch dazu beitragen, mögliche Schwachstellen in der Finanzstruktur des Unternehmens aufzudecken. Eine genaue Analyse der Finanzdaten kann dabei helfen, Einsparpotenziale zu identifizieren und die Effizienz der Geschäftsprozesse zu steigern. Auch die Planung und Steuerung von Investitionen und Finanzierungen fällt in den Bereich des Controllings.

Insgesamt sind Finanzanalyse und Controlling unerlässlich für jedes Unternehmen, um langfristig erfolgreich zu sein. Durch eine sorgfältige Überwachung und Steuerung der Finanzen können Risiken minimiert und Chancen genutzt werden, um die Rentabilität zu steigern.

4. Nachhaltigkeit und soziale Verantwortung:

Nachhaltigkeit und soziale Verantwortung sind immer wichtiger werdende Aspekte, die das Image und die Akzeptanz des Unternehmens in der Gesellschaft beeinflussen.

Beispiel: Ein Kosmetikhersteller setzt auf tierversuchsfreie Produkte und unterstützt soziale Projekte.
Umsetzung: Durch nachhaltige Praktiken und soziales Engagement stärkt das Unternehmen sein positives Image und baut Vertrauen bei den Kunden auf.

Die Nachhaltigkeit und soziale Verantwortung eines Unternehmens sind nicht nur wichtig für das Image, sondern auch für die Zukunft der Umwelt und der Gesellschaft. Viele Kunden achten heute bei ihrer Kaufentscheidung darauf, ob ein Unternehmen sich für Umweltschutz oder soziale Projekte engagiert.

Ein Beispiel für nachhaltiges Handeln in der Praxis ist die Verwendung von recycelten Materialien oder die Reduzierung des Energieverbrauchs. Auch soziales Engagement kann auf verschiedene Weise umgesetzt werden, beispielsweise durch Spenden an gemeinnützige Organisationen oder die Unterstützung von Bildungsprojekten.

Unternehmen, die sich für Nachhaltigkeit und soziale Verantwortung einsetzen, können nicht nur ihr Image verbessern, sondern auch langfristig wirtschaftlich erfolgreich sein. Kunden haben Vertrauen in Unternehmen, die sich für eine bessere Zukunft einsetzen und sind eher bereit, bei diesen Unternehmen zu kaufen.

5. Technologische Anpassungsfähigkeit:

Die Fähigkeit, neue Technologien zu adaptieren und zu integrieren, ist entscheidend für die Wettbewerbsfähigkeit und Weiterentwicklung des Unternehmens.

Beispiel: Ein Logistikunternehmen implementiert eine neue Software zur Routenoptimierung.
Umsetzung: Durch die Anpassung an technologische Neuerungen kann das Unternehmen seine Prozesseffizienz steigern und Kosten reduzieren.

Eine schnelle und effiziente Integration von neuen Technologien kann auch die Kundenzufriedenheit erhöhen, da das Unternehmen in der Lage ist, schneller und effektiver auf Kundenanforderungen zu reagieren.

Darüber hinaus kann eine hohe Technologieanpassungsfähigkeit das Image des Unternehmens verbessern und es als innovatives und zukunftsorientiertes Unternehmen positionieren. Es ist daher wichtig, dass Unternehmen regelmäßig ihre Technologieanforderungen überprüfen und sicherstellen, dass sie stets auf dem neuesten Stand sind, um im heutigen schnelllebigen Geschäftsumfeld wettbewerbsfähig zu bleiben.

Kapitel 12 hat tiefgreifend die Bedeutung und Vielfalt der Erfolgsmessung und Weiterentwicklung in Unternehmen beleuchtet, wobei besonders die Rolle von Key Performance Indicators (KPIs), Finanzanalyse, Nachhaltigkeit und technologischer Anpassungsfähigkeit hervorgehoben wurde.

Die Nutzung von KPIs und eine strategische Planung sind grundlegende Bausteine, um die Unternehmensleistung zu bewerten und kontinuierlich zu optimieren. Sie ermöglichen es Unternehmen, ihre Strategien und Angebote präzise auf die Bedürfnisse des Marktes und der Kunden abzustimmen und so ihre Wettbewerbsposition zu stärken.

Des Weiteren hat das Kapitel die Relevanz der Finanzanalyse und des Controllings unterstrichen, die essenziell sind, um die finanzielle Stabilität zu gewährleisten und rechtzeitig auf finanzielle Risiken zu reagieren. Diese finanzielle Weitsicht ist die Grundlage für nachhaltiges Wachstum und langfristigen Erfolg.

Ebenso wurde die Bedeutung von Nachhaltigkeit und sozialer Verantwortung betont. Diese Aspekte sind nicht nur ethische Imperative, sondern tragen auch maßgeblich zum positiven Image und zur Akzeptanz des Unternehmens in der Gesellschaft bei.

Schließlich hat das Kapitel die Notwendigkeit der technologischen Anpassungsfähigkeit hervorgehoben. In einer digitalisierten und vernetzten Welt ist die Fähigkeit, neue Technologien zu integrieren und zu nutzen, entscheidend, um innovativ zu bleiben und den Anschluss an den Wettbewerb nicht zu verlieren.

Liebe Leserinnen und Leser,

Sie haben sich auf eine umfassende Reise durch die Welt des Unternehmertums begeben und dabei wertvolle Einblicke und Kenntnisse in verschiedenste Aspekte der Unternehmensführung gewonnen. Dieses Buch, „Startschuss zum Erfolg: Business für Anfänger", war Ihr Begleiter auf dem Weg zu einem tieferen Verständnis dafür, wie erfolgreiche Unternehmen aufgebaut und geführt werden.

Kapitelüberblick:

Jedes Kapitel des Buches hat einen spezifischen Bereich beleuchtet, angefangen bei der Gründung eines Unternehmens, über die Entwicklung effektiver Marketingstrategien, bis hin zur Bedeutung von Unternehmenskultur und Mitarbeiterführung. Besondere Aufmerksamkeit wurde der Rolle von Innovation und Technologie gewidmet, um auch kleinen Unternehmen und Start-ups zu ermöglichen, ihre Wettbewerbsfähigkeit zu steigern und erfolgreich am Markt zu agieren.

Schlüsselbereiche:

Einige der Schlüsselbereiche, die besonders hervorgehoben wurden, sind die Bedeutung von Key Performance Indicators (KPIs), Kundenfeedback, Finanzanalyse und Controlling, Nachhaltigkeit und soziale Verantwortung sowie technologische Anpassungsfähigkeit. Diese Elemente sind essenziell, um die Leistung eines Unternehmens zu messen, zu optimieren und nachhaltig zu wachsen.

Praktische Beispiele und Umsetzung:

Durchgängig wurden praktische Beispiele und konkrete Umsetzungsvorschläge integriert, um die theoretischen Konzepte greifbar und anwendbar zu machen. Diese Beispiele reichen von der Anpassung von Marketingstrategien über die Implementierung von Qualitätsmanagement bis hin zur Integration neuer Technologien.

Nachhaltigkeit und Gesellschaft:

Das Buch hat auch die wachsende Bedeutung von Nachhaltigkeit und sozialer Verantwortung für Unternehmen betont. Diese Aspekte sind nicht nur ethisch wichtig, sondern tragen auch zur Stärkung des Unternehmensimages und zur Schaffung eines positiven Verhältnisses zur Gesellschaft bei.

Motivation und Weiterentwicklung:

Ein zentrales Thema, das sich durch das gesamte Buch zieht, ist die Bedeutung von Motivation, Selbstreflexion und kontinuierlicher Weiterentwicklung. Unternehmen, die in der Lage sind, sich selbst zu hinterfragen, von Erfahrungen zu lernen und sich proaktiv weiterzuentwickeln, sind besser aufgestellt, um den Herausforderungen der Geschäftswelt zu begegnen und langfristigen Erfolg zu erzielen.

Abschließende Worte:

Liebe Leserinnen und Leser,

Sie sind nun am Ende dieses Weges angekommen, aber Ihre Reise in die Welt des Unternehmertums hat gerade erst begonnen. Nutzen Sie das erlangte Wissen, seien Sie mutig, innovativ und beharrlich. Denken Sie daran, dass jedes Unternehmen, egal wie klein, das Potenzial hat, Großes zu erreichen. Es liegt an Ihnen, die erlernten Prinzipien und Strategien anzuwenden, ständig dazuzulernen und Ihr Unternehmen zum Erfolg zu führen.

Die Welt des Business ist voller Möglichkeiten und Herausforderungen. Mit den in diesem Buch vermittelten Kenntnissen und Werkzeugen sind Sie nun besser gerüstet, um Ihre Ziele zu verwirklichen und Ihre Visionen in die Tat umzusetzen. Bleiben Sie neugierig, bleiben Sie lernbereit, und vor allem, bleiben Sie motiviert. Der Startschuss ist gefallen – nun liegt es an Ihnen, das Rennen zu gewinnen!

Ich wünsche Ihnen viel Erfolg auf Ihrem weiteren Weg und hoffen, dass Sie die Reise ebenso bereichernd und inspirierend fanden wie wir. Möge „Startschuss zum Erfolg: Business für Anfänger" soll nicht nur der Beginn einer erfolgreichen und erfüllenden Unternehmerkarriere für Sie sein, sondern es soll Ihnen auch als Handbuch für die Zukunft dienen.

Quellenhinweis:

Die Informationen in diesem Buch basieren auf allgemeinem Wissen und Best Practices im Bereich des Unternehmertums und wurden teilweise mithilfe des OpenAI-Modells generiert. Es wird empfohlen, bei spezifischen Fragestellungen oder detaillierten Informationen auf Fachliteratur und Expertenmeinungen zurückzugreifen.